BARCELONA

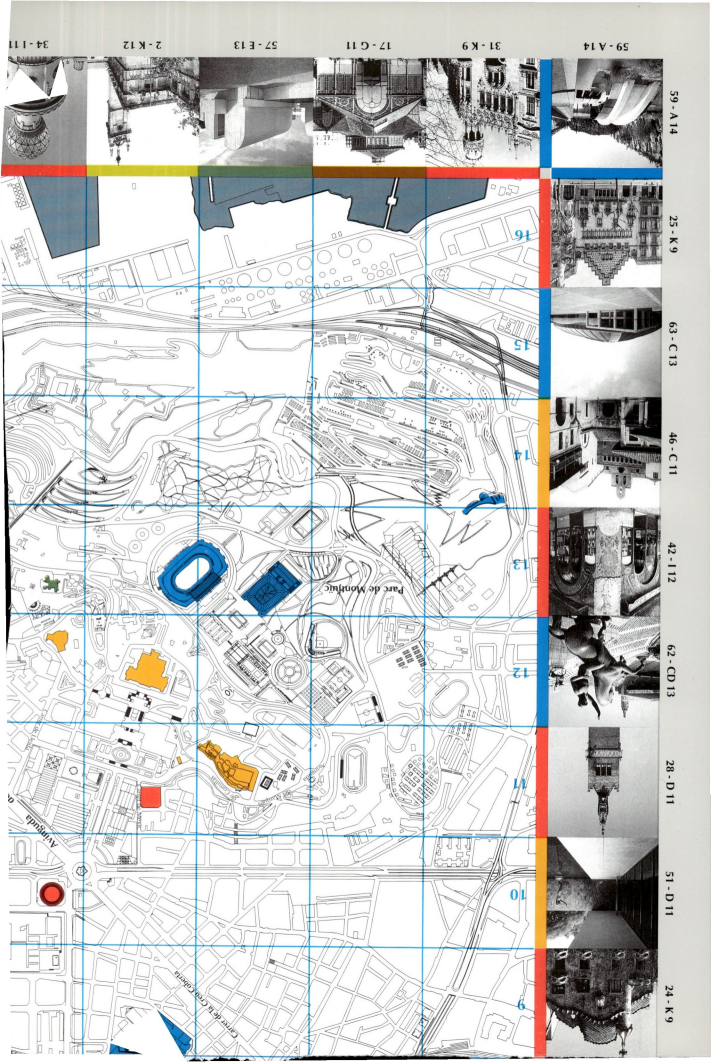

BARCELONA
STADT UND ARCHITEKTUR

Essay Josep Maria Montaner

Benedikt Taschen

© 1992 Benedikt Taschen Verlag GmbH
Hohenzollernring 53, D-5000 Köln 1

Bildredaktion, Gestaltung, Produktion: Gabriele Leuthäuser, Nürnberg
Bildtexte: Verónica Reisenegger, Köln; Peter H. Untucht, Freiburg;
Josep Maria Montaner, Barcelona
Übersetzung ins Deutsche: Kerstin Wiechmann, Heidelberg, Volker Brethauer,
Sinsheim-Eschelbach (Essay); Viktor Sevillano, Wiesloch (Bildtexte)
Korrekturen und Register: Thomas Heider, Bergisch Gladbach
Satz: Utesch Satztechnik GmbH, Hamburg
Reproduktionen: NUREG, Nürnberg
Montage: Erwin Ratschmeier Montage-Service, Nürnberg
Gesamtherstellung: Graficas Estella, S.A.
Printed in Spain
ISBN 3-8228-0445-2

INHALT

8   **AUF DEM WEG ZUM EIXAMPLE**

38   **DIE ANFÄNGE DES MODERNISME ZUR ZEIT
DER WELTAUSSTELLUNG VON 1888**

88   **DIE BLÜTEZEIT DES MODERNISME**

172   **NOUCENTISME UND RATIONALISMUS**

208   **VOM ENDE DES BÜRGERKRIEGS ZUR
KONSUMGESELLSCHAFT**

238   **BARCELONA HEUTE**

292   **ANHANG**

AUF DEM WEG ZUM EIXAMPLE

LA CASA DE LA CIUTAT (links)

Pere Llobet, 1373; Arnau Bargués,
1399–1402; Josep Mas i Vila, 1831–1847
Plaça de Sant Jaume

PALAU DE LA GENERALITAT

Marc Safont, 1416–1434; Pere Blay,
1596–1617
Plaça de Sant Jaume

Im gut erhaltenen gotischen Teil des mittelalterlichen Rathauses, der Casa de la Ciutat, befindet sich der Saló de Cent. Hier versammelte sich vor Jahrhunderten der »Rat der Hundert«, um über Kataloniens Zukunft zu debattieren. Die Schäden des Erbfolgekriegs von 1714 sowie eines Bombenanschlags 1842 ließen zeitweise den Abriß des Bauwerks ratsam erscheinen. Anfang des 20. Jahrhunderts fiel jedoch die Entscheidung, das Rathaus nicht nur zu renovieren, sondern auch zu erweitern.

Der hallenartige »Saal der Hundert« mit den prächtigen Kronleuchtern und den weiten Rundbogen erinnert an eine Kirche. Verstärkt wird dieser Eindruck durch die Anordnung der massiven Holzbänke: hufeisenförmig an der Stirnseite des Raums für die hohen politischen Würdenträger und – deutlich davon abgesetzt – die Reihen der Parteigänger.

Unmittelbar gegenüber diesem Rathaus, dem Ajuntament, befindet sich der Palau de la Generalitat, die Residenz des katalanischen Präsidenten, so, als wollten sich die politischen Kontrahenten – hier Landesvater, dort Bürgermeister – ja nicht aus den Augen verlieren. Der Regierungssitz wurde Anfang des 15. Jahrhunderts begonnen und bis heute mehrfach erweitert. In dem vielteiligen Gebäudekomplex zwischen der Carrer de la Ciutat, Carrer dels Templers und der Plaça de Sant Miquel ragt neben dem Saló Daurat, dem Goldenen Sitzungssaal, der Glockenturm auf. Der Südteil des Palastes, der sich zur Plaça de Sant Jaume öffnet, wurde von Pere Blay Ende des 16. Jahrhunderts entworfen und gilt als eines der gelungensten Bauwerke der Renaissance-Architektur in Barcelona.

PORTA DE SANTA MADRONA
Avinguda del Parallel

So spärlich die Überreste der Festungsmauern im Verhältnis zu ihrer ursprünglichen Länge auch sein mögen, sind sie doch Zeugen der urbanen Expansion Barcelonas. Mauerfragmente aus mehreren Jahrhunderten markieren Stationen, von der mittelalterlichen, mit Schutzwällen umgebenen Stadt bis hin zur »grenzenlosen« Metropole des Industriezeitalters. Der dem Meer nahe gelegene Turm stammt wie die älteste Stadtmauer bereits aus der Mitte des 13. Jahrhunderts und war Bestandteil der Drassanes, der ehemaligen Schiffswerft, die unter Pere dem Großen entstand. Nur etwa einhundert Jahre später wurde zum Schutz des Viertels Raval ein neuer Festungsring entlang der heutigen Ronda angelegt, an dessen Ende ein zweiter Turm aufragte, der gleichzeitig als Stadttor diente: die Porta de Santa Madrona. Das Verbindungsstück zwischen den beiden Türmen datiert aus dem 17. Jahrhundert, als mit der Ausdehnung der Drassanes auch deren bessere Verteidigung ratsam erschien. Zu diesem Zweck legte man noch im selben Jahrhundert die Baluarde de Santa Madrona an, ein Bollwerk, das die Begradigung der alten Stadtmauer notwendig machte. Aus dem 18. Jahrhundert stammt schließlich die Baluarde von Próspero de Verboom, der wiederum strategische Absichten verfolgte und die Drassanes in eine Zitadelle verwandeln wollte.

PALAU REIAL MAJOR

Guillem Carbonell, 1359–1370; Antoni Carbonell 1546–1549; Joaquim Vilaseca i Rivera, Adolf Florensa i Ferrer, 1936–1956
Plaça del Rei

Der wuchtige Gebäudekomplex rund um die Plaça del Rei war einst Sitz der Grafen von Barcelona, und Jahrhunderte zuvor residierten hier vermutlich westgotische Könige. Drei Bauten dieses monumentalen Ensembles verdienen besondere Beachtung: der auf römischen Mauern errichtete Palau Reial Major, der mehrfach erweitert und restauriert wurde, erstmals Anfang des 12. Jahrhunderts unter Ramon Berenguer IV. Zwischen 1359 und 1370 kam der gotische Saló del Tinell hinzu, in dem auch Kolumbus nach seiner Rückkehr aus Amerika im Jahr 1493 von den Katholischen Königen Isabella von Kastilien und Ferdinand von Aragón feierlich empfangen wurde. Das zweite sehenswerte Bauwerk ist die kleine gotische Capella de Santa Agueda aus dem 14. Jahrhundert und das dritte der Palau del Lloctinent, der Palast des Stellvertreters. Errichtet zwischen 1549 und 1577, beherbergt er seit 1836 das Archiv der aragonesischen Krone.

Unmittelbar neben dem Palau Reial Major ragt der Aussichtsturm, der Mirador del Rei Martí, aus dem Jahr 1555 auf. Der Nordteil des Palastes ist jedoch im frühen 18. Jahrhundert gänzlich ersetzt worden. Hier ist heute das Museu Frederic Marès untergebracht, ein »Museum der Erinnerungen«, in dem man von Kitsch bis Kunst alles findet, was das alltägliche Leben der Spanier im Laufe der Jahrhunderte begleitete.

PASSEIG DE LA MURALLA

Die Promenade auf der Muralla del Mar – hier in einer Photographie von 1860 – war einst einer der wichtigsten öffentlichen Treffpunkte der Stadt. Im Hintergrund ragt das Castell de Montjuïc auf, das wie die im Osten der Altstadt gelegene Ciutadella gleichzeitig zum Schutz und zur Überwachung der Stadt diente. Immer wenn dem Meer Land abgerungen wurde, veränderte man dieses Areal. So auch gegen Ende des letzten Jahrhunderts, als der Hafen und der Passeig de Colom entstanden.

Mit der Industrialisierung und der Expansion Barcelonas verlor das Hafengebiet an Attraktivität. Erst in den achtziger Jahren orientierte man sich wieder zum Meer hin. Die Hafenzone wurde vollkommen umgestaltet, ehemalige Lagerhallen verschwanden, und es entstanden Bars und Fischrestaurants. Die Moll de la Fusta, nach Plänen von Manuel de Solà-Morales angelegt, entwickelte sich zu dem, was der Passeig de la Muralla einst war: zu einer belebten und beliebten Flaniermeile.

Barcelona ist eine geschichtsreiche und zugleich von der Moderne und ihrem beschleunigten Wandel geprägte Stadt. Stadtanlage und Gebäude zeugen von einer Art kollektiven Unterbewußtseins, das im Laufe der Zeit architektonische Gestalt angenommen hat. Die ältere Stadtentwicklung folgte noch dem traditionellen Muster, sie war ein Prozeß des Hinzu-, Einfügens und Überlagerns baulicher Elemente. Eingebettet zwischen Meer und Gebirge, wuchs die Stadt, eine lebendige Collage, zu einem riesigen, bunten Flickenteppich. Im 20. Jahrhundert verstärkte sich ein anderer Zug Barcelonas: sein intensives Bemühen um Anschluß an den Fortschritt der modernen Welt.

Zu den architektonischen Zeugen der Vergangenheit zählen Reste romanischer Architektur – sie liegen oft unter der Erde oder zwischen Gebäuden verborgen – sowie großartige Bauwerke der Gotik: Die alte gotische Llotja (Börse) erhielt ein klassizistisches Gewand, während die Kirche Santa Maria del Mar noch heute als Beispiel einer eigenständigen Ausprägung der Gotik in Katalonien erhalten ist. Darüber hinaus findet der architekturhistorisch Interessierte Bauten der Renaissance und des Barock. Besonders bekannt ist Barcelona für seine reiche, sinnenfrohe Architektur des Modernisme, der katalanischen Variante des Jugendstils. Bei vielen dieser Meisterwerke handelt es sich – ob Neubau, Erweiterung oder Umbau – um ein bauliches Element in einem Ensemble bereits vorhandener Architektur. Selbst so bedeutende, der Kultur dienende Gebäude wie das Teatre del Liceu (Opernhaus) oder der Palau de la Música Catalana (Konzerthalle) stehen nicht für sich, sondern sind mit der benachbarten städtischen Architektur zu einem lebendigen Ganzen verbunden. Im folgenden soll es darum gehen, die Entstehung und Entwicklung der bedeutendsten Zeugnisse der Architektur Barcelonas nachzuzeichnen.

Barcelona schien während des 16. und 17. Jahrhunderts in einen Dornröschenschlaf versunken, das Bevölkerungswachstum stagnierte, die Einwohnerzahl bewegte sich zwischen 30 000 und 40 000. Im 18. Jahrhundert änderten sich die Verhältnisse: Der Handel blühte auf, und die Stadt verzeichnete ein deutliches Wachstum. 1857 zählte sie bereits 193 000 Einwohner.[1] Eine wichtige Rolle für den wirtschaftlichen Aufstieg spielte die Ausweitung des Amerikahandels, wobei der Stadt ihre Lage am Meer zugute kam. Aus den ländlichen Regionen Kataloniens strömten jetzt immer mehr Menschen und auch Kapital nach Barcelona. Lange hatten strukturelle Bedingungen auf dem Land Entwicklungen verzögert, die in anderen europäischen Ländern das Gesicht der Städte bereits im 18. Jahrhundert verändert hatte.

Unter der Bourbonenherrschaft verlor Katalonien einen Teil seiner historischen Rechte, auch der öffentliche Gebrauch der eigenen Sprache wurde den Katalanen untersagt. Die Pflege der katalanischen Sprache befand sich bereits gegen Ende des 17. Jahrhunderts in einer rückläufigen Phase und sollte bis zum Ende des 19. Jahr-

BARCELONA ENDE DES 17. JAHRHUNDERTS

Der Plan zeigt Barcelona noch vor den industriellen Umwälzungen und der Ausdehnung der Stadt. Aufgrund militärischer Anweisung hatte die Ebene vor dem Fortifikationsring unbebaut zu bleiben. Die innere Festungsmauer aus dem 13. Jahrhundert trennte, entlang der Rambla, einem ausgetrockneten Flußlauf, den repräsentativen Teil der Stadt von der Vorstadt mit ihren Klöstern und Hospizen, Schlachthöfen und bewirtschafteten Feldern, die die Versorgung der Stadt gewährleisteten.

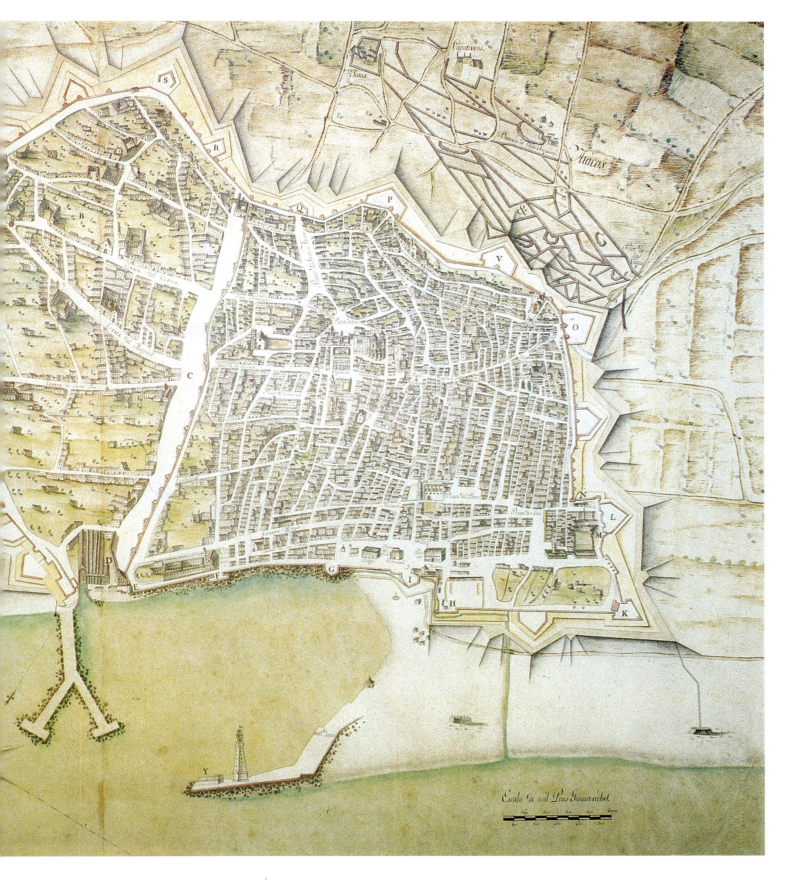

hunderts nicht mehr zu ihrer vollen Entfaltung zurückkehren. Paradoxerweise kam es gerade in dieser Zeit zu einem starken Wirtschaftswachstum in Katalonien. Während der Regentschaft Karls III., des aufgeklärtesten der Bourbonenkönige, wurde Barcelona zu einem neuen Zentrum für Handel und Kultur. Um sich ausdehnen zu können, mußte die Stadt über den inneren Ring der alten Festungsmauern hinausgreifen und den Vorort Raval erschließen, der bis in die Mitte des 18. Jahrhunderts noch von der Landwirtschaft, von Klöstern, Hospizen und Schlachthöfen, geprägt war.

Von 1720 bis 1801 hatte die Militärakademie für Mathematik ihren Sitz in Barcelona, was von weitreichender Bedeutung für das Bauwesen war: Aus ihr ging die Mehrzahl der bourbonischen Militäringenieure hervor, denen die Durchführung großer öffentlicher Bauvorhaben oblag. Dazu gehörten die Universität von Cervera sowie das Schloß von Figueres außerhalb Barcelonas und in der Stadt selbst die Ciutadella militar, die Festung Montjuïc sowie eine Reihe von Kasernen. Die Verwendung der Zeichnung als grundlegendes Instrument der Lehre, der Architekturbücher als technische Referenzwerke sowie die schrittweise Arbeitsteilung und Spezialisierung – all dies waren Zeichen einer Modernisierung der Architektur, die mit dem Wirken der Militärakademie verbunden war. Die Militäringenieure entwarfen sogar ein völlig neues Stadtviertel: das am Meer gelegene Barceloneta (1753). Dort sollten einige jener Fischer und Handwerkerfamilien ein neues Zuhause finden, die man wegen der Arbeiten an der Zitadelle (1716–1727) aus dem Stadtviertel Ribera ausgewiesen und in die Altstadt oder an den Strand von Barceloneta abgedrängt hatte. Im Barri de la Barceloneta wurden die Prinzipien eines neuen städtebaulichen Denkens umgesetzt: Rationalität, Wiederholung und Hygiene. Linear angelegte, eng zusammengerückte Häuserzeilen bestimmten die Anlage dieses am Zeichentisch entstandenen Viertels.

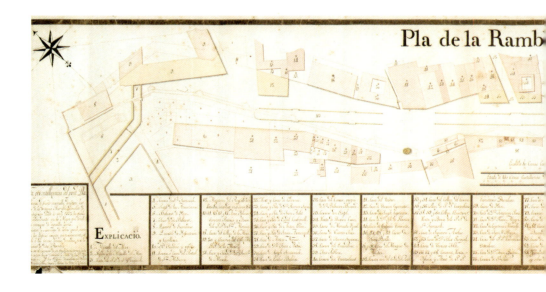

Im Zuge der Baumaßnahmen an der Zitadelle wurden 17 Prozent der alten städtischen Bausubstanz abgerissen. Die Architektur der mächtigen Befestigungsanlage war eng verwandt mit der klassizistischen Architektur, wie sie im 17. Jahrhundert von französischen Militäringenieuren entwickelt wurde. Sie diente einem für Anlagen dieser Art typischen doppelten Zweck: einerseits die Stadt gegen Angriffe von außen zu verteidigen, vor allem aber ihre Einwohner zu kontrollieren und mögliche Aufstände bereits im Keim zu ersticken.

Eine herausragende Figur unter den Militäringenieuren, die am Aufbau der Infrastruktur in Katalonien beteiligt waren, war Jorge Próspero de Verboom, unter dessen Leitung die Arbeiten durchgeführt wurden. Er legte die allgemeinen Richtlinien für den größten Teil der militärischen Bauten während der ersten Hälfte des 18. Jahrhunderts in Katalonien fest.[2] Die Ingenieure errichteten allerdings nicht nur militärische Anlagen, sie machten sich auch daran, die zivile Stadtlandschaft von Barcelona zu gestalten. So veranlaßten sie beispielsweise die Anpflanzung von Bäumen entlang eines ausgetrockneten Flußbettes und bereiteten damit die heutige Anlage der Rambles vor. Ebenso gestaltete man jenes sanft abfallende Gelände, das sich zwischen der Ciutadella und dem Ribera-Viertel erstreckte.

Tatsächlich wurde während des 17. und 18. Jahrhunderts die technische Entwicklung in ganz Europa maßgeblich vom Militär bestimmt. Diese Dominanz wich erst im 19. und 20. Jahrhundert anderen innovativen Kräften. Die Hauptimpulse gesellschaftlicher Veränderung gingen nun zunehmend von Gewerbe und Industrie aus. So wurde auch für Barcelona die schrittweise Industrialisierung auf lange Sicht der entscheidende Wachstumsfaktor. Zu den traditionellen Handwerksbetrieben kamen kleine Textilmanufakturen, die sogenannten talleres de indianas, die nach südamerikanischem Vorbild Baumwollstoffe herstellten und bedruckten. Die Maschinen wurden manuell betrieben, produziert wurde für den Export nach Amerika.

LA RAMBLA

»Rambla« kann sowohl Promenade als auch Regenrinne bedeuten, was als Indiz dafür gilt, daß hier einst ein Fluß vom Tibidabo zum Meer führte.

Mitte des 18. Jahrhunderts erlebte Barcelona einen steten wirtschaftlichen Aufschwung. Der Bevölkerungszuwachs machte die Erschließung neuer Wohngebiete erforderlich. Mit den ersten Baugenehmigungen auf der Mauerseite der Rambla 1704 wurde zunächst nur partie l in die Befestigungsanlage eingegriffen, 1775 schließlich der gesamte Abschnitt zwischen der Porta dels Ollers und den Drassanes geschliffen. Ende des 18. Jahrhunderts erfolgte dann der Ausbau zur großzügigen Flaniermeile, deren höhergelegener Mittelstreifen mit schattenspendenden Pappeln bepflanzt wurde.

LA BARCELONETA

Juan Martín Cermeño, Francisco Paredes,
Baubeginn 1753

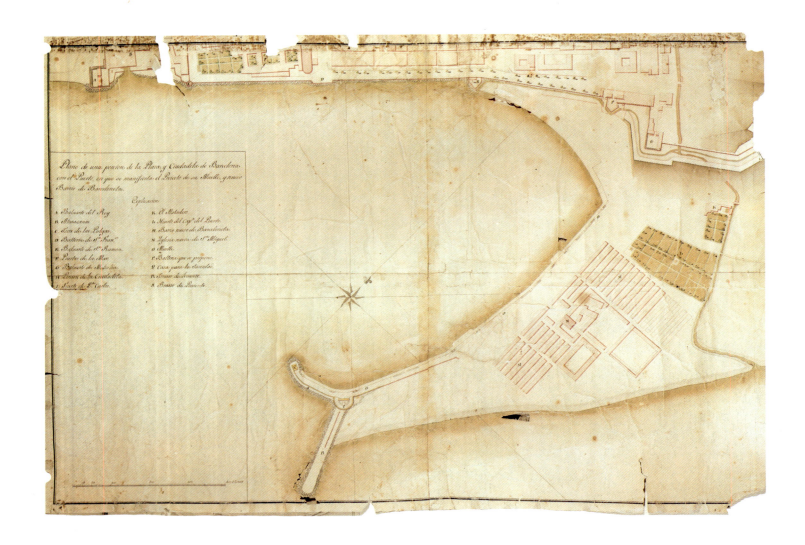

Es waren Militäringenieure unter der Leitung von Juan Martín Cermeño, die dieses Viertel außerhalb der alten Stadtmauern, am Strand von Barcelona, entwarfen und die Bauarbeiten leiteten. Insbesondere nach dem Abbruch von Teilen des Viertels Ribera sollten hier kleine Fischer- und Handwerkerhäuser entstehen, die den obdachlos gewordenen Menschen ein neues Zuhause geben sollten. Zum erstenmal entstand damit in Barcelona ein auf dem Reißbrett entworfener Stadtteil. Kennzeichnend waren die engen, parallelen Straßenzüge und die niedrigen, linear angelegten Blockbauten. Jeder Block bestand aus Erdgeschoß und einem erstem Stock, in denen kleine Zweizimmerwohnungen mit etwa 35 Quadratmetern Wohnfläche und je einer Toilette untergebracht waren. Dieser Plan deutete bereits die Rationalität, Homogenität und die geometrische Struktur des Cerdà-Plans zur großflächigen Erweiterung Barcelonas an. Die klar überschaubare Struktur des Viertels und die Ausrichtung der Straßen auf die Ciutadella folgten strategischen Überlegungen, denn die Zitadelle und die gegenüberliegende Festung auf dem Montjuïc ermöglichten die Kontrolle über die gesamte Stadt.

Nach der ursprünglichen Planung durften die Häuser in der Barceloneta nur einstöckig gebaut werden, da nur so gewährleistet war, daß auch die Erdgeschoßwohnungen in den engen Straßen genügend Sonnenlicht erhielten. Schon 1839 setzten einige Hausbesitzer jedoch durch, daß diese Bauvorschrift gelockert wurde, und 1808 waren bereits dreistöckige Häuser zugelassen. 1886 schließlich genehmigte die Stadtverwaltung ein Projekt mit neuen vierstöckigen Häusern, wobei die sechs hinzukommenden Straßen allerdings auf eine Breite von 10 Metern erweitert werden mußten.

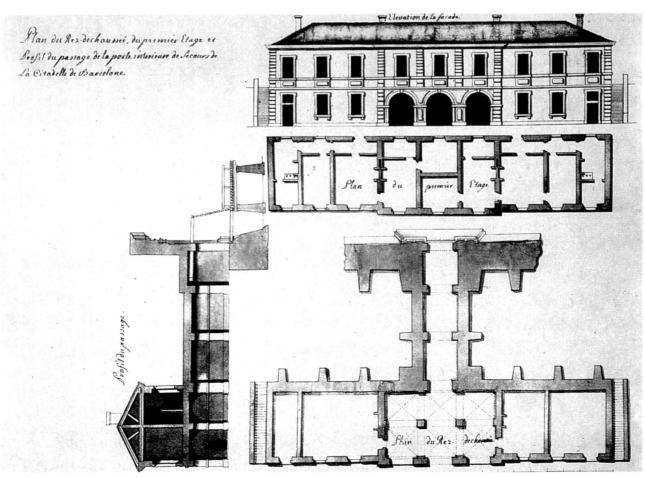

Diese um 1736 eingeführten Baumwollmanufakturen florierten ganz offensichtlich und machten die Stadt reich. Der Bau einer Vielzahl klassizistischer Paläste entlang der wichtigsten Straßen, der Bau neuer Kirchen im spätbarocken Stil und die Anlage weitläufiger Gärten, wie zum Beispiel das Labyrinth des Marquis von Llupià i Alfarràs im heutigen Stadtteil Horta (1793–1804), waren Ausdruck der wachsenden wirtschaftlichen Prosperität. Gleichzeitig nahm die Zahl der Bevölkerung zu. Die Produktionsstätten Barcelonas dehnten sich über die Stadtmauern hinaus aus. Repräsentativ für diese Zeit ist ein Gebäude, das im Auftrag der 1763 eingesetzten Junta de Comercio (Handelsrat) nach Entwürfen von Joan Soler i Faneca[3], dem damals gebildetsten und modernsten Baumeister der Stadt, umgestaltet wurde. Es handelt sich um die alte Börse, deren gotischer Ursprungsbau im klassizistischen Stil verändert und erweitert wurde.

Das Wachstum der Stadt, durch den Krieg gegen Frankreich (1808–1812) vorübergehend gebremst, setzte gegen 1820 erneut ein. 1830 wurden die ersten, aus England importierten gußeisernen Säulen aufgestellt, 1832 wurde die erste Dampfmaschine installiert. Im Jahre 1848 folgte der Bau der ersten Eisenbahnstrecke, die Barcelona mit der Stadt Mataró und der Küstenregion des Maresme verband. Der beschleunigte Industrialisierungsprozeß im 19. Jahrhundert hinterließ seine Spuren: Bereits um die Jahrhundertmitte bot Barcelona das zeittypische rauchverhangene Bild einer dynamischen europäischen Stadt. Die Ziegel- und Rauchsäulen der Schornsteine, die »Obelisken der Industrie, die dem Firmament ihre rauchigen Verbindungen entgegenspeien«, wie Baudelaire schrieb, wetteiferten mit den Türmen und Glockenstühlen.

In der ersten Hälfte des 19. Jahrhunderts wies Barcelona gleichwohl noch die überkommene Struktur der befestigten mittelalterlichen Stadt auf. Dies änderte sich, als die Kommune gegen Mitte des Jahrhunderts mit aller Kraft daranging, das einschnürende Korsett abzustreifen. Mit der Realisierung des Eixample, der großen Stadterweiterung, gelang ihr schließlich der weitreichendste Sprung in ihrer Geschichte. Noch bevor man jedoch an die Umsetzung dieses großen Vorhabens gehen konnte, wurde das alte Zentrum einer tiefgreifenden Veränderung unterzogen. Es waren Eingriffe nach den klassizistischen Maximen einer homogenen, klar umgrenzten Stadt: Straßen wurden begradigt, ruhige öffentliche Plätze angelegt und repräsentative Gebäude errichtet. Das Portal del Mar war während des kurzen Zeitraums von 1836 bis 1859 Zugang zum Arbeiterviertel Barceloneta und dominantes architektonisches Element des klassizistischen Pla-de-Palau-Platzes. Ergänzt wurde dieses Ensemble durch den von Josep Buixareu und Francesc Vila entworfenen Wohnkomplex Cases d'En Xifré (1836–1840). In diesen Jahren trug Antoni Celles' Architekturunterricht (1815–1835) an der Escuela de Llotja in Barcelona seine ersten Früchte.

LLOTJA

Joan Soler i Faneca, 1764–1794; Joan Fàbregas, Tomàs Soler i Ferrer, 1794–1802
Pla del Palau

1764 beschloß der Handelsrat, die alte Warenbörse Barcelonas, deren Baugeschichte bis ins Jahr 1383 zurückreicht, restaurieren zu lassen.

Soler i Faneca zählte zu den fähigsten Zunftbaumeistern seiner Zeit, er besaß eine umfangreiche Bibliothek, verfügte über zahlreiche Modelle der klassischen Baustile und galt als exzellenter Zeichner. Als er 1794 starb, war der größte Teil der Arbeiten bereits beendet. Danach übernahm zunächst Joan Fàbregas die Leitung des Projekts, das 1802, nach Fàbregas Tod, von Joan Solers Sohn, Tomàs Soler Ferrer, weitergeführt wurde.

Ursprünglich waren die Halle, der Innenhof und die später hinzugekommene Kapelle eine gotische Konstruktion. Soler i Faneca ließ die alte baufällige Kirche niederreißen, um so die frühere Einheit der Anlage wiederherzustellen. Über diesem Ensemble errichtete er dann den klassizistischen Bau, wahrte aber die gotische Struktur des ehemaligen Handelszentrums. Diese geglückte Adaption zeigt sich beispielsweise im asymmetrischen Höhenaufriß, im geschwungenen Treppenaufgang sowie in den Fenstergiebeln der ersten Etage. All diese harmonischen Erweiterungen lassen die Llotja als eines der schönsten und in ihrer baugeschichtlichen Entwicklung gelungensten Beispiele der barcelonesischen Architektur erscheinen. Seit 1847 geht man hier wieder, nach Jahrhunderten der Zweckentfremdung, unter anderem als Truppenkaserne und Militärkrankenhaus, den Geschäften des Börsenhandels nach.

ARSENAL DE LA CUITADELLA

Jorge Próspero de Verboom, 1716–1727
Pla del Palau

PLA DE PALAU
Lithographie von Dumouza y Bichebois,
Paris 1840

Die Blickachse folgt der Avinguda del Marquès de L'Argentera und dem Passeig Isabel II zum Montjuïc. In der rechten Gebäudeflucht ist die Llotja zu erkennen. Ihr gegenüber entstanden zwischen 1836 und 1840 die Cases d'En Xifré der klassizistischen Baumeister Josep Buixareu und Francesc Vila. Auftraggeber dieses repräsentativen »Wohnblocks« mit Läden im Kolonnadengang des Erdgeschosses war Josep Xifré i Casa, ein katalanischer »indiano«, also einer, der sein Vermögen in Amerika gemacht hatte. Die Planung orientierte sich an den Vorgaben des Platzentwurfs von Josep Massanés von 1822. Links davor steht das alte Zollgebäude von Miquel de Roncali, erbaut zwischen 1790 und 1792.

Dieser schöne, am Meer gelegene Platz war allerdings nur für wenige Jahrzehnte Zentrum der Stadt. Als sich Barcelona in Richtung des Passeig de Gràcia ausdehnte, verlor er an Bedeutung und geriet ins Abseits. Die Stadt kehrte seit damals und noch bis vor kurzer Zeit dem Meer den Rücken zu.

Neuangelegte, geradlinige Straßen wie die Carrer Fernando wurden von verwandten, aufeinander bezogenen Fassaden bestimmt. Durch die Säkularisierungsgesetze, die von 1835 an die Enteignung kirchlicher Güter erlaubten, wurden neue Flächen für die öffentliche Bebauung erschlossen, wie die von Francesc Daniel Molina i Casamajó projektierte Plaça Reial (1848–1859) oder die nach einem Entwurf von Josep Mas i Vila angelegte Plaça Sant Josep (1836–1840), die schließlich den Boqueria-Markt aufnahm. Dieser Umgestaltungsprozeß des historischen Stadtkerns fand 1850 seinen Höhepunkt: Die neue Carrer Fernando verlief nun auf der Höhe des von Pere Blay entworfenen Renaissancepalastes der Generalitat, dem Sitz der katalanischen Regionalregierung, und des gotischen Ajuntaments, dem Rathaus der Stadt. Das Rathaus wurde in dieser Zeit ebenfalls nach Entwürfen von Josep Mas i Vila im spätklassizistischen Stil umgebaut (1831–1847), um es dem Erscheinungsbild der neuen Plaça de Sant Jaume anzupassen. Hier schlägt seitdem das administrative und politische Herz der Stadt.

Da die Stadt danach drängte, sich auszuweiten und die freien Flächen vor den Stadtmauern zu nutzen, dieses Gebiet auf militärische Anordnung jedoch generell unbebaut bleiben sollte, wurden wichtige Gebäude des 19. Jahrhunderts noch im Altstadtkern errichtet. Das Opernhaus Teatre del Liceu beispielsweise wurde in ein Eckgrundstück an den Rambles gezwängt. Die von Elies Rogent entworfene Universität von Barcelona (1859–1873) wurde zwar am Übergang zum Eixample gebaut, sie richtete ihre Hauptfassade aber zur Altstadt hin aus und kehrte der projektierten neuen Stadt somit den Rücken zu. Selbst für den Palau de la Música (1905–1908), einem Fanal des katalanischen Nationalstolzes im Stil des Modernisme, wählte man einen eher versteckten Bauplatz an engen, unbedeutenden Altstadtstraßen.[4]

Um die Ausdehnung über die Stadtmauern hinaus in kontrollierte Bahnen zu lenken, verabschiedete die Zentralregierung in Madrid den Erweiterungsplan des Ingenieurs Ildefons Cerdà von 1859. Barcelonas Stadtväter wollten sich die Entwicklung ihrer Stadt jedoch nicht von oben verordnen lassen, und so schrieben sie einen eigenen Wettbewerb aus, an dem die fähigsten und angesehensten Architekten Barcelonas teilnahmen. Der Gewinner war Antoni Rovira i Trias, der neben Miquel Garriga i Roca als ein in seinen Entwürfen sehr einfühlsamer, auf städtebauliche Projekte spezialisierter Architekt galt. Rovira schlug das Modell einer radial-konzentrisch angelegten Stadt vor. Die Zentralregierung unter Königin Isabella II. bestand jedoch auf jenem Plan, der sich als weitaus moderner und zukünftigen Entwicklungen gegenüber entschieden aufgeschlossener erweisen sollte: eben dem genannten Eixample-Projekt von Cerdà. Es fiel den Barcelonesern nicht leicht, einen Plan zu akzeptieren, der weder Ergebnis ihrer eigenen Initiative war noch ihren Vorstellungen entsprach und ihnen von Madrid einfach aufoktroyiert worden war. Seitdem gibt

PISSOIRS

Miguel Garriga i Roca, 1848–1856

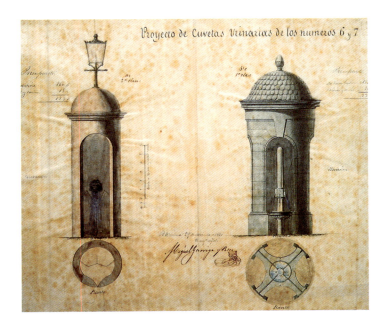
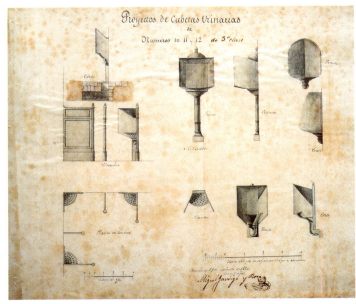
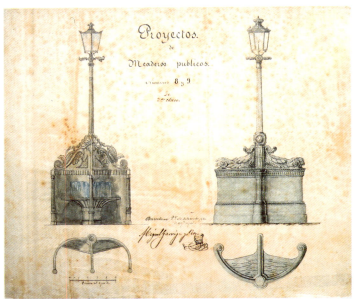
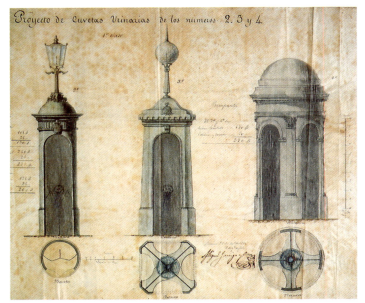

Die ersten Jahrzehnte des 19. Jahrhunderts führten zur luxuriösen Ausgestaltung der Straßen, Boulevards und öffentlichen Plätze, die mit ähnlichem Anspruch an Komfort ausgestattet werden sollten wie die Interieurs der bürgerlichen Wohnhäuser. Laternen, Bänke, Brunnen, Kioske, Pissoirs und andere Einrichtungen wurden installiert und prägten fortan das Stadtbild entscheidend mit.

es in Barcelona ein Nebeneinander sehr verschiedener theoretischer Ansätze zu einer wünschenswerten Stadtentwicklung: den deutlich auf ein Zentrum bezogenen Plan von Rovira und Garriga, den homogenen, auf serielle Wiederholung angelegten von Cerdà, den monumentalen von Jaussely und den rationalistischen der Architektengruppe GATCPAC (Grupo de Artistas y Técnicos Catalanes para el Progreso de la Arquitectura Contemporánea).[5]

Ildefons Cerdà schlug eine isotrope, beinahe unendliche Anlage vor, die das Zentrum der Stadt zur Plaça de les Glòries hin verlagerte und den für die Erweiterung vorgesehenen Raum mit einem einheitlichen Bebauungsmuster füllte. Kernstück seines Entwurfs waren quadratische, großzügig dimensionierte Häuserblocks (113,33 m auf 113,33 m), deren Ecken überraschenderweise auf 45 Grad abgeschrägt waren. Cerdà wollte damit den zukünftig verkehrenden Eisenbahnen, die seiner Ansicht nach schon bald die Stadt von einem Ende zum anderen durchqueren würden, das Abbiegen erleichtern. Diese Vision erfüllte sich zwar nicht, geblieben sind jedoch die im regelmäßigen Raster ausgeformten Plätze.

Die Realisierung des Plans von Cerdà war ein Schlüsselmoment in der Entwicklung des modernen Barcelona. Das städtische Geflecht in seiner ganzen Vielfalt und Unordnung wurde nun in einem kohärenten Plan zusammengefaßt und damit Teil eines Ganzen. Barcelona verdankt Cerdà also nicht nur eine Stadterweiterung, sondern auch eine völlig neue Gesamtgestalt. Die formalen Strukturelemente der von Cerdà entworfenen Häuserblocks stellen ein Grundmuster dar, das im modernen Barcelona immer wieder anzutreffen ist. Ihre flexible Formgestaltung ließ Vielfalt zu und das Nebeneinander von geschlossenen Wohnhauszeilen und freistehenden öffentlichen Gebäuden. Den originellen Häusern des Modernisme bot das einheitliche und kontinuierliche Erscheinungsbild der Häuserblocks den geeigneten Hintergrund, vor dem sie ihre architektonischen Eigenheiten entfalten konnten. Auch für den Verkehr erwies sich Cerdàs Plan als geeignet: Das außerordentlich aufnahmefähige Straßennetz vermochte über ein Jahrhundert lang den ständig wachsenden Autoverkehr problemlos aufzunehmen.[6]

Folgende Doppelseite:

Die ehemalige Textilfabrik Jaumandreu im Viertel Poble Nou um 1900 (links oben); der älteste Bahnhof Barcelonas, die Estació de França, mit der Lokomotive, die seit 1848 zwischen Barcelona und der Stadt Mataró verkehrte (links unten); eine inzwischen abgerissene Ziegelei (rechts oben); Les Drassanes (rechts unten).

LES DRASSANES
Plaça del Portal de la Pau

Diese Schiffswerft ist eine der besterhaltenen und schönsten im Mittelmeerraum. Die ursprüngliche Anlage entstand zwischen 1284 und 1348, wurde allerdings schon in den siebziger und achtziger Jahren des 14. Jahrhunderts weiter ausgebaut. Jede der acht Hallen konnte damals ein Schiff aufnehmen. Planungen von 1390 sahen Erweiterungen vor, die den Bau von bis zu 30 Galeeren gleichzeitig zuließen. 1714 richtete sich das Militär in den Drassanes ein, und die Gebäude übernahmen von da an die unterschiedlichsten Funktionen: Truppenkaserne, Militärhospital, Fahrzeugwerkstatt. Heute werden die Hallen vom Museu Maritím genutzt. Zu den herausragenden Exponaten gehört eine originalgetreue Nachbildung der Königlichen Galeere aus der Flotte, die den Spaniern in der Schlacht von Lepanto zum entscheidenden Sieg über die Osmanen verhalf.

L'EIXAMPLE
Ildefons Cerdà i Suñer, 1859

Der Plan des Straßen-, Kanal- und Hafenbauingenieurs Ildefons Cerdà basiert auf einem gleichmäßigen rechtwinkligen Raster. Für die quadratischen Wohnareale war eine offene, höchstens viergeschossige Blockrandbebauung mit ausgedehnten Grünflächen vorgesehen. Keine der Straßen hatte weniger als 20 Meter Breite, einige 30 Meter, andere sogar 50 Meter. Durch die abgeschrägten Ecken der Karrees entstand an jeder Kreuzung ein kleiner Platz. Außerdem sollte so den »mobilen Dampfmaschinen« – die, wie Cerdà annahm, schon bald in den Straßen verkehren würden – das Abbiegen erleichtert werden. Cerdàs Vorschläge für das Barcelona der Zukunft waren eine klare Antwort auf die engen, dichtgedrängten Wohnquartiere der Altstadt mit ihren miserablen hygienischen Verhältnissen.

Die ursprünglich geplante offene, in der Regel nur zweizeilige Bebauung, die von einer Einwohnerdichte von 250 pro Hektar ausging, konnte so jedoch nicht realisiert werden. 1890 waren es 1400 Einwohner pro Hektar, 1925 schon 2000. Die Ränder der Planquadrate wurden geschlossen, tiefer und höher bebaut und schließlich auch die Innenhöfe privater Nutzung überlassen.

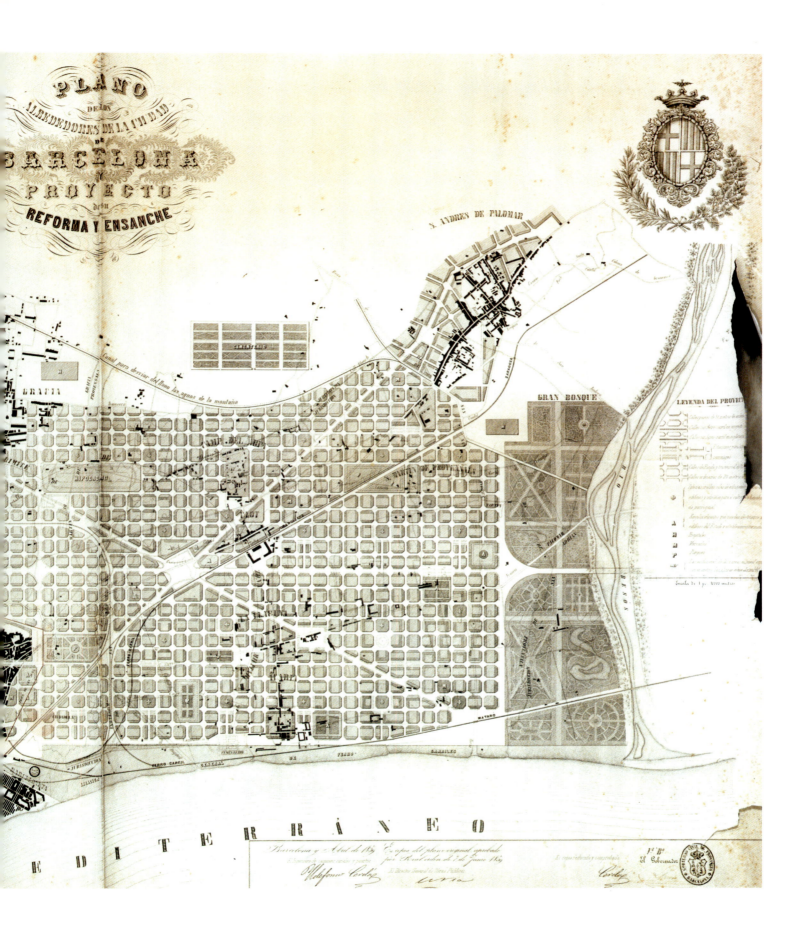

TEATRE DEL LICEU

Miquel Garriga i Roca, 1845–1847; Josep
Oriol Mestres i Esplugas, 1862 und 1874
La Rambla 61–65

Kurioserweise ging die Initiative für das erste Opernhaus in Barcelona von Offizieren aus, die im Konvent Montsió untergebracht waren. Unter dem Vorwand, die Truppe neu einzukleiden, trieben sie Gelder ein, um in ihrem Quartier ein Theater zu errichten. Doch die Nonnen forderten ihren Konvent zurück: mit Erfolg. Also wurde ein neuer Standort gesucht und 1844 an der Rambla auch gefunden. Wer sich über eine Art genossenschaftlichen Fond an der Finanzierung des Projekts beteiligte, erhielt das Besitzrecht an einem Platz oder einer Loge. Innerhalb von drei Jahren entstand so das Teatre del Liceu unter der Leitung von Garriga i Roca und dessen Assistent Mestres i Esplugas. Über 4000 Menschen nahmen an der Einweihung teil.

Der Zuschauerraum wurde dem der Mailänder Scala nachempfunden, war jedoch etwas größer und auch größer als die Auditorien der renommierten Opernhäuser in Paris, Lissabon und Madrid. 1861 brannte das Opernhaus nieder, konnte jedoch ein Jahr später seine Tore wieder öffnen. Mestres hielt sich bei der sorgfältigen Rekonstruktion genau an den ursprünglichen Plan und verzichtete lediglich auf die zweite Logenetage.

Die Aufnahme zeigt die Hauptfassade des Liceu in der von Mestres 1874 neugestalteten Form. Seine Lösung wurde von Architektenkollegen damals heftig kritisiert. Man warf ihm vor, der Entwurf sei nur mittelmäßig, lehne sich zu sehr an französische Vorbilder an und passe nicht ins Stadtbild.

TEATRE DEL LICEU

Auditorium; Grundriß der Erweiterung von Ignasi de Solà-Morales

1883 wurden die Bühne und das Auditorium von Pere Falqués vollkommen umgestaltet. Dabei entstand auch die üppigbarocke Ausstattung der Logen.
Derzeit wird das Liceu unter der Leitung von Ignasi de Solà-Morales wiederum umgebaut und durch die Einbeziehung angrenzender Grundstücke erheblich erweitert.

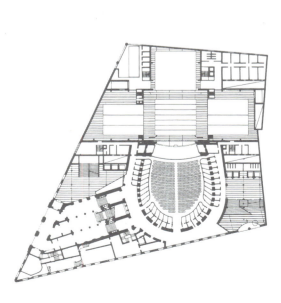

PLAÇA REIAL

Francesc Daniel Molina i Casamajó,
1848–1859

Dieser elegante Platz aus dem 19. Jahrhundert entstand im Zuge der Säkularisierung, der Verstaatlichung von Kirchengut. Die großzügige Anlage nimmt in etwa die Fläche des Kapuzinerklosters ein, das früher dort stand, und zeigt einen klar geordneten Aufbau: Klassizistische Fassaden begrenzen den 56 mal 84 Meter großen Innenhof, der sich nur an einer Seite zur Rambla hin öffnet. Für die passende Illumination sorgen die später hinzugekommenen Laternen des jungen Antoni Gaudí.

Einst als subtropischer Garten und Oase der Ruhe gedacht, erhielt der Platz 1878 einen erhöht angelegten Brunnen, der von Palmen und Blumenbeeten umsäumt war. Doch die salonartige Plaça entwickelte sich rasch zu einem vielbesuchten, lauten und hektischen Ort.
Ebenfalls durch die Säkularisierung eines Klosters entstand gleichzeitig die Plaça del Duc de Medinaceli am Passeig de Colom mit der Säule des Admiral Galceran Marquet.

PLAÇA DEL DUC DE MEDINACELI
Francesc Daniel Molina i Casamajó, 1849

DIE ANFÄNGE DES MODERNISME ZUR ZEIT DER WELTAUSSTELLUNG VON 1888

WELTAUSSTELLUNG 1888

Im Jahr 1885 gelang es einem internationalen Unternehmen, das sich auf vorgefertigte Bauelemente für Ausstellungen spezialisiert hatte, den barcelonesischen Bürgermeister Rius i Taulet für eine Exposició Universal zu gewinnen. Vornehmlich Eugenio Serrano de Casanova, ein ehemaliger galicischer Militär, trat im Rathaus für diese Idee ein. Er hatte fasziniert die Weltausstellungen in Paris, Wien und Antwerpen besucht und wollte für solch ein spektakuläres Ereignis nun auch in Spanien den geeigneten Rahmen schaffen.
Serrano forderte dafür ein etwa 20 Hektar großes Grundstück, und man verwies ihn auf das noch nicht erschlossene Gelände rund um die Zitadelle. Doch bald schon stellte sich heraus, daß die Planungen des Initiators Serrano äußerst unsolide waren: Bei einigen bereits fertiggestellten Gebäuden mußte die Konstruktion verstärkt werden, andere konnten selbst durch solche Maßnahmen nicht vor dem Einsturz bewahrt werden. Schließlich wurde dem Architekten Elies Rogent die Leitung übertragen.
Einige Bauwerke auf dem Ausstellungsgelände im Parc de la Ciutadella waren jedoch schon lange zuvor abgeschlossen, beispielsweise der Kaskadenbrunnen oder das Umbracle. Die meisten der neu hinzugekommenen Projekte waren temporäre Bauten, die mit dem Ende der Ausstellung auch wieder abgerissen wurden. Zu den wenigen erhalten gebliebenen Gebäuden gehört das Cafè-Restaurant del Parc, das allerdings nie ein Ort der Bewirtung war. Zwar wurde es für diesen Zweck konzipiert, konnte aber nicht rechtzeitig fertiggestellt werden. Heute ist dort das Zoologische Museum untergebracht.

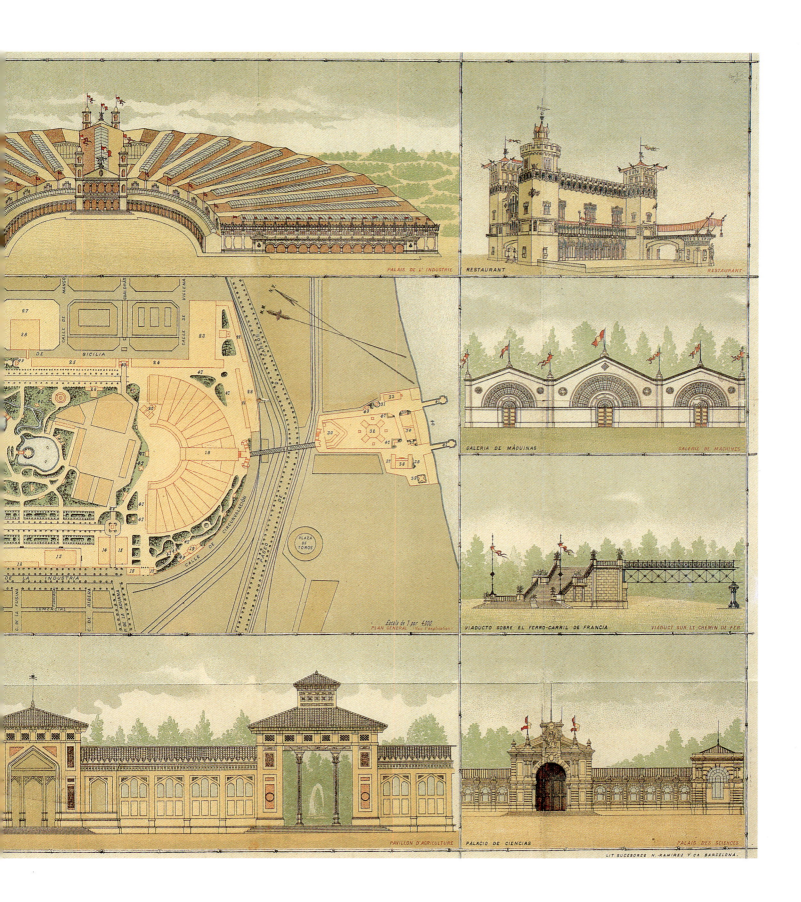

ARC DEL TRIOMF
Josep Vilaseca i Casanovas, 1888
Passeig de Lluís Companys

Ein wenig orientalisch mutet der Arc de Triomf schon an, insbesondere die Säulen und der mit spanischen Provinzwappen gefaßte Rundbogen. Hingegen erinnern die komplexen Backsteinornamente und die Säulenhauben eher an mittelalterliche Motive. Vermutlich wollte Vilaseca, wie viele andere seiner Kollegen auf der Exposició Universal, auf die islamische Blütezeit Spaniens hinweisen. Der Triumphbogen war als Portal zur Ausstellung gedacht, prachtvoll öffnet sich hinter ihm ein von Bäumen, Bronzestatuen und Laternen flankierter Platz, der zum Cafè-Restaurant del Parc von Lluís Domènech i Montaner führt.

Über dem Durchgang befindet sich auf beiden Seiten ein Fries. Der eine hat die Beteiligung der Zentralmacht in Madrid an der barcelonesischen Weltausstellung zum Thema, der andere stellt den Dank der Stadt an die beteiligten Nationen dar. Eigentlich sollte der sogenannte Torre Comtal, ein von Eugenio Serrano entworfener, stolze 210 Meter hoher Turm, zum weithin sichtbaren Symbol der Ausstellung werden. Doch dazu kam es nicht, und der Triumphbogen erreichte nie das internationale Renommee und die Popularität anderer Weltausstellungsbauten, beispielsweise die des Pariser Eiffelturms von 1889.

CAFE-RESTAURANT DEL PARC

Lluís Domènech i Montaner, 1887–1888
Passeig de Pujades / Parc de la Ciutadella

KASKADENBRUNNEN

Josep Fontserè i Mestres, Antoni Gaudí i Cornet, 1875–1881
Parc de la Ciutadella

44

WASSERSPEICHER
Josep Fontserè i Mestres, Antoni Gaudí i Cornet, 1874–1877; Lluís Clotet i Ballús, Ignacio Paricio Ansuategui, 1986–1989
Carrer de Wellington 48

Schon Jahre vor und unabhängig von der Weltausstellung waren die Kaskaden und der kleine See im Ciutadella-Park fertiggestellt worden. Die pittoreske, mit plastischem Schmuck üppig dekorierte Anlage blieb jedoch nicht ohne Kritik: Neobarocke Zitate des Franzosen Esperandieu, der Ähnliches zuvor für Marseille entworfen hatte, wurden Josep Fontserè unterstellt. Heute dagegen wird spekuliert, inwieweit einzelne Skulpturen und Ornamente bereits die Handschrift von Antoni Gaudí erkennen lassen, der als Architekturstudent hier mitwirkte.
Verbürgt hingegen ist Gaudís Mitarbeit am Wasserspeicher, ganz in der Nähe des Kaskadenbrunnens in der Carrer de Wellington. Eine engstehende, im Raster angelegte Backsteinkonstruktion im Inneren des quadratischen Gebäudeblocks trägt das große Wasserreservoir auf dem Dach. Aus diesem Bassin wurden die Kaskaden mit dem nötigen Wasserdruck versorgt. Gaudís technische Berechnungen des Bauwerks beeindruckten den damaligen Professor für Statik an der Architekturhochschule von Barcelona so sehr, daß er dem jungen Talent daraufhin die bestandene Prüfung in diesem Fach bestätigte und vom obligatorischen Unterricht freistellte. Wohl zu Recht: Das Gebäude steht noch immer. Seit der Restaurierung und Erweiterung durch Lluís Clotet und Ignacio Patricio Ansuategui wird es heute von der Stadt für Ausstellungen genutzt.

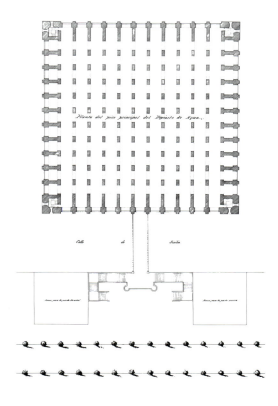

UMBRACLE

Josep Fontserè i Mestres; 1883–1884; Jaume Gustà i Bondia, 1886; Josep Amargós i Samaranch, 1888
Parc de la Ciutadella

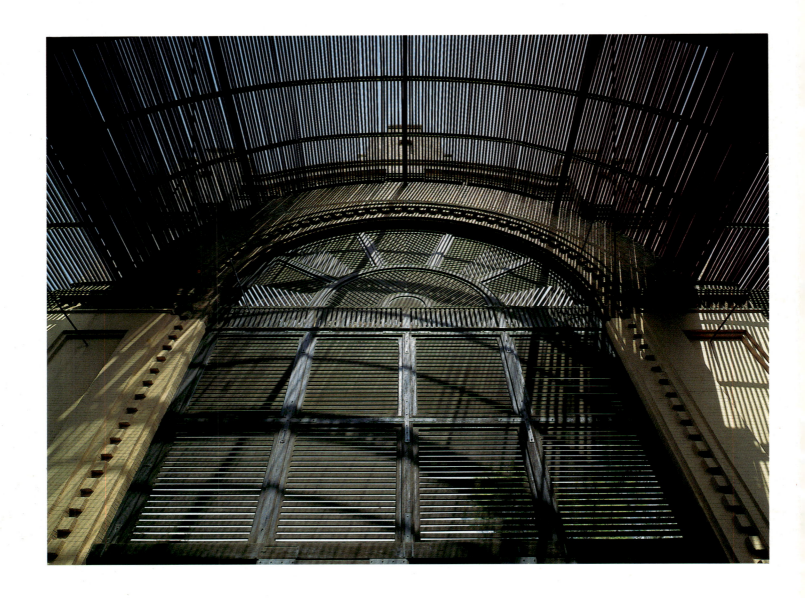

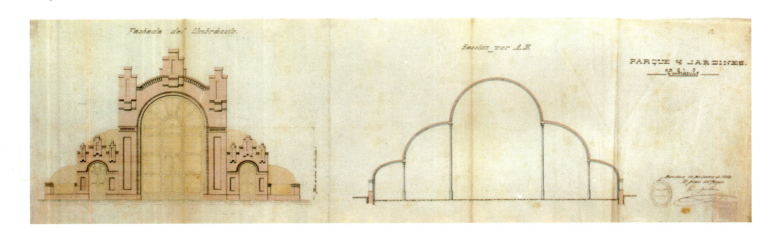

46

KOLUMBUSSÄULE

Gaietà Buïgas i Monravà, 1882–1886
Plaça del Portal de la Pau

PASSEIG DE GRACIA 1888

Der Passeig de Gràcia war damals die Verbindung zwischen der Altstadt und dem Vorort Gràcia, der 1897 – übrigens gegen den Willen der Bewohner – eingemeindet wurde. Sobald das Geschäftsleben ruhte und der Zerstreuung Platz machte, wandelte sich diese Straße zur beliebten Promenade des Bürgertums. Jeden Sonntag sangen hier die Clavéchöre, und die Leute trafen sich zu einer Tasse Schokolade oder einem Glas Wein. Beim Criadero, dem Tivoli und dem Euterpe gab es Tanzveranstaltungen, oder man entschied sich für eines der zahlreichen Theater. Im Park der Campos Eliseos konnte man auf einem See rudern oder Karussell fahren.
Zur Jahrhundertwende wurde die Bebauung geschlossener, exklusive Läden und elegante Cafés lockten ihre Klientel: Der Passeig de Gràcia entwickelte sich zu einem der schönsten Boulevards Europas.

PLAÇA DE CATALUNYA 1888

Auf der Plaça de Catalunya, heute wie damals ein wichtiger Verkehrsknotenpunkt, der die Altstadt und die Rambles mit dem Passeig de Gràcia, der Rambla de Catalunya und dem Herz des Eixample verbindet, standen während der Weltausstellung diverse Attraktionen, die Katalanen wie in- und ausländische Besucher gleichermaßen faszinierten: ein Waterloo-Panorama, ein Pferdezirkus, ein Vogelhaus und vieles andere mehr. Das gesamte Ensemble war eine reine Ausstellungsarchitektur auf Zeit.

Die Ausdehnung Barcelonas im 19. Jahrhundert erreichte mit der Weltausstellung von 1888 ihren Höhepunkt, nachdem die Stadt von 1875 bis 1884 eine Phase der Hochkonjunktur — den febre d'or (Goldfieber) — erlebt hatte. Darauf folgte die Krise von 1884/85, deren Ursache die Freihandelspolitik der Madrider Zentralregierung war. Zum Zeitpunkt der Ausstellung hatte sich die Stadt bereits deutlich entlang des Passeig de Gràcia und der Rambla de Catalunya vorgeschoben und dabei den Teil des Eixample-Grundes genutzt, der sowohl der Gran Via als auch dem historischen Stadtkern am nächsten liegt.[7]

Was in der ersten Phase der Erweiterung nach dem Cerdà-Plan Gestalt annahm, unterschied sich noch grundlegend vom heutigen Bild der Stadt. Die Erschließung des Gebiets hatte zunächst Vorrang vor der eigentlichen Bebauung. Zwar waren die Straßen trassiert, die Bürgersteige begehbar und die Straßenlaternen installiert, aber die Baudichte blieb zunächst recht gering. Die meisten Grundstücke lagen entweder völlig brach oder waren mit provisorischen Gebäuden, Lagerschuppen und ähnlichem besetzt.[8] Typisch waren Wohnhäuser mit vier Etagen und Werkstätten im Erdgeschoß.[9] Im freien, noch unverbauten Gelände entstanden großzügige herrschaftliche Anwesen.

Zu den Architekten dieser ersten Eixample-Phase zählen Josep Oriol Mestres, Josep Vilaseca, Jeroni Granell, August Font, Joan Martorell, Josep Fontserè und Enric Sagnier i Villavecchia, die gemeinhin als Vorläufer des Modernisme gelten. Ihre eklektizistischen Entwürfe folgen den klassischen Kompositionsmodellen, sind reich an Ornamenten und historischen Zitaten.

Anfang der neunziger Jahre ist ein weiterer deutlicher Entwicklungssprung festzustellen. Nach den neuen Rechtsverordnungen von 1891 durfte höher gebaut werden, und in den Erdgeschossen richteten sich die ersten, für den Modernisme typischen Geschäfte ein: Apotheken, Bäckereien, Konditoreien, Gemischtwarenläden, die dem Barcelona des Industriezeitalters ein weiteres Charakteristikum hinzufügten. Ein Teil der niedrigen und einfachen Häuser der frühen Eixample-Phase wurde durch neue aufwendigere Bauten ersetzt, die nun zunehmend die Handschrift der Modernisme-Architekten trugen.

Die Weltausstellung von 1888 fand auf dem Gelände der Ciutadella statt, um die Übernahme ehemals militärischen Geländes durch die Kommune nochmals zu bekräftigen. Die wichtigsten Bauten, wie der Gouverneurspalast, das Zeughaus und die Kapelle, blieben erhalten. Die bereits bestehende Anlage des von Josep Fontserè entworfenen Parks wurde genutzt und für den Bau der Pavillons entsprechend hergerichtet.

Schon Monate vor der Eröffnung der Ausstellung errichtete man die Kolumbussäule an der Stelle, wo die Rambla de Santa Mònica das Meer erreicht. Als Montagegerüst

53

54

diente eine eindrucksvolle, von Joan Torras entworfene Metallkonstruktion. Neben dem Triumphbogen, dem Umbracle, einem Pflanzenhaus mit einem luftdurchlässigen, schattenspendenden Lamellendach sowie weiteren Bauten, gilt jedoch das von Lluís Domènech i Montaner entworfene, im Volksmund auch als Castell dels Tres Dragons (Burg der drei Drachen) bekannte Café-Restaurant immer noch als Wahrzeichen der Ausstellung. Dieses Gebäude ist ein deutliches Zeichen für den Fortschritt der katalanischen Architektur. Es präsentiert sich in einem verspielten, historistischen Stil und zeugt von der wiedererreichten Höhe des handwerklichen Geschicks der Töpfer, Kunstschmiede, Stukkateure, Tischler und Maurer.

Der Modernisme war ohne Zweifel Ergebnis und Folge der Industrialisierung Kataloniens und ließ gleichzeitig ihre ureigensten Merkmale zur Entfaltung kommen. Er repräsentierte eine umfassende Bewegung, die Kunstgewerbe und dekorative Kunst in ihrer ganzen Formenvielfalt zum Erblühen brachte. Unterstützt wurde diese Entwicklung durch Zentren der Ausbildung und des Handwerks wie der Taller de Industrias Artísticas – eine Werkstatt und Schule für Kunsthandwerker, die später in der bereits erwähnten Burg der drei Drachen eingerichtet wurde –, das Centro de Artes Decorativas oder der Taller de Oficios Tradicionales.

Die Kunstfertigkeit, mit der die wuchtigen Ziegelmauern des Café-Restaurants gestaltet wurden, sowie die beeindruckende Gliederung des großen Innenraums durch metallene Strukturen gestatten es, diese Architektur mit einem so einzigartigen und protorationalistischen Werk wie der von Hendrick Petrus Berlage entworfenen, zwischen 1897 und 1903 gebauten Börse von Amsterdam zu vergleichen.

Dennoch bleibt festzuhalten, daß diese Ausstellung, die das Zeitalter des Modernisme einläutete, trotz ihres hohen architektonischen Niveaus kaum Einfluß auf die Stadtlandschaft hatte. Sie diente zwar dazu, das Gelände der alten Zitadelle umzugestalten und es dem Eixample anzugliedern, aber während die Ausstellung im äußersten Osten Barcelonas stattfand, weitete sich die Stadt genau in der entgegengesetzten Richtung, nämlich nach Westen, aus. Dabei folgte sie der Achse des Passeig de Gràcia, der bereits zum eigentlichen repräsentativen Zentrum der Stadt geworden war, zu einer breiten Prachtstraße mit einer eindrucksvollen geschlossenen Bebauung, zu einem Ort, wo sich das Bürgertum beim Flanieren, beim Sehen und Gesehenwerden gern die Zeit vertrieb.[10] Hier präsentierte sich das Barcelona des Bürgertums, das in der Weltausstellung und in den Repräsentativbauten des Modernisme den geeigneten Rahmen zur Selbstdarstellung gefunden hatte. Gleichzeitig war jedoch auch die Arbeiterstadt im Entstehen. Sie siedelte sich in den Randbezirken an und in jenem weiträumigen Industriegebiet hinter der Ciutadella und dem Bahnhof Estació de França. Das hier entstehende Stadtviertel Poble Nou wird als das »katalanische Manchester« bekannt.

UNIVERSITÄT

Elies Rogent i Amat, 1859–1873
Plaça de la Universitat

Rogent, der große Vordenker und Mentor des katalanischen Modernisme, verwirklichte mit der Universität von Barcelona sein großartigstes Bauwerk. Der Grundriß der 130 Meter langen und 83 Meter breiten Alma mater folgte den klassischen Kompositionsmodellen der Symmetrie und Axialität. Die stilistischen Anleihen reichen von romanischen Motiven bis zum deutschen Klassizismus, mit Zitaten aus der byzantinischen Architektur und besonders der frühen italienischen Renaissance. Rogent brachte die Ideen des französischen Rationalismus, etwa von Viollet-le-Duc, in die katalanische Baugeschichte ein, was die Abkehr von akademischer Stilstrenge und, im positiven Sinne, eklektizistische Formfreiheit bedeutete. Zur Industrieausstellung von 1877 wurden zwei Brückenfragmente als Sockel für herausragende technische Errungenschaften – im Bild die Lokomotive der Eisenbahnstrecke Barcelona-Mataró – vor der Hauptfassade postiert.

LA MAQUINISTA TERRESTRE
Y MARITIMA

Dieser Betrieb wurde 1855 in Barcelona gegründet. Man begann mit einigen Werkstätten an der Carrer dels Tallers und der Carrer de Sant Pau, bald danach folgte eine erste Fabrik in Barceloneta, von der noch heute einige Teile erhalten sind. Zwischen 1918 und 1925 entstand dieser neue Firmensitz im Stadtteil Sant Andreu. Die katalanische Stahlindustrie hatte durch den Ersten Weltkrieg einen enormen Aufschwung erlebt, und »La Maquinista« konnte seine Lokomotivproduktion ausweiten. Der in Sant Andreu realisierte architektonische Bautypus beruht auf einer immer gleichen Folge von Hallen mit unterschiedlicher Nutzung: Materiallager, Werkstätten für den Dampfkesselbau und den Bau mechanischer Teile, für Montage und Justierung. Die Säulenkonstruktion und das Dach bestehen aus miteinander vernieteten Eisenplattenelementen. In gleicher Weise wurde auch der Eiffelturm in Paris errichtet. Obwohl das gesamte Gebäude aus einer einzigen großen Metallstruktur besteht, erscheint die Fassade paradoxerweise im traditionellen, für damalige Fabrikbauten üblichen Backsteinstil mit Wandpfeilern, Giebeln und Gesimsen.

FABRIK BATLLO

Rafael Guastavino y Moreno, 1870–1875;
Joan Rubió i Bellvé, 1927–1931; Manuel
Baldrich, 1961 und 1966
Carrer del Comte d'Urgell 173–221

Die Batlló-Fabrik gehörte zu den größten Textilbetrieben in Barcelona und erstreckte sich über vier Cerdàsche Planquadrate. Zwischen 1868 und 1869 entwarf der Architekt Guastavino diese Anlage, die später unter dem Namen »Vapor Batlló« bekannt wurde, da sie über eine Dampfmaschine verfügte, mit einem schlanken achteckigen Schornstein. Der Betrieb schloß 1895 seine Pforten und verlagerte seinen Sitz außerhalb von Barcelona, da es in der Stadt aufgrund sozialer Spannungen immer häufiger zu Unruhen kam. 1906 erwarb die »Mancomunidad de Catalunya«, die erste katalanische Selbstverwaltung, die Liegenschaft und richtete dort vier Jahre später die Hochschule für Wirtschaftswissenschaften ein, in der heute noch gelehrt wird. Bei der Umnutzung zur Universität veränderte man die vorhandenen Industriegebäude und fügte Seitenflügel für den Unterricht an. Die Umbauten, die Joan Rubió i Bellvé Ende der zwanziger Jahre am Hauptgebäude und am Eingang zur Kapelle durchführte, verdienen dabei besondere Erwähnung. Die jüngsten Erweiterungen stammen von Manuel Baldrich.

HIDROELECTRICA DE CATALUNYA

Pere Falqués i Urpi, 1896–1897; Telm Fernàndez, 1910; J. M. Sanz, A. Torra, P. Fochs, 1977–1980
Avinguda de Vilanova 12

Nach der Weltausstellung von 1888 beauftragte die »Central Catalana de Electricidad«, die damalige katalanische Elektrizitätsgesellschaft, Pere Falqués mit dem Bau eines neuen Kraftwerks, das schließlich 1897 fertiggestellt wurde. Das Gebäude besteht aus zwei großen, parallel zueinander liegenden Hallen, in denen die Maschinen und die Dampfgeneratoren stehen. Über dem Maschinenraum befindet sich ein Stockwerk, in dem die Batterien der Akkumulatoren untergebracht sind, und in den beiden Kellern sind die Wartungs- und Kontrollräume zu finden. Die genietete Metallkonstruktion absorbiert die Schwingungen der Dampfmaschine, während das roh belassene Mauerwerk die Lasten trägt. Aus diesem Grund beruht die gesamte Außenansicht des Gebäudes auf einer merkwürdigen Symbiose aus Backsteinbau und Eisenkonstruktion. Im ursprünglichen Entwurf war die Fassade mit Bronzereliefs geschmückt und von zwei großen Pyramiden bekrönt, die allerdings nie zur Ausführung kamen. Ende der siebziger Jahre wurde der Gebäudekomplex renoviert und beherbergt nun die Büros der katalanischen Elektrizitätsgesellschaft »Hidroeléctrica de Catalunya«.

STRASSENLATERNE

Pere Falqués i Urpi
Passeig de Lluís Companys

In der Nachbarschaft der großen Fabriken, die Mitte des 19. Jahrhunderts entstanden – die Vapor Vell im Stadtteil Sants, die Fabriken Batlló, Folch, España Industrial sowie Maquinista Terrestre y Marítima –, wurden die Unterkünfte der Arbeiter gebaut. Die beginnenden sozialen Konflikte führten dazu, daß sich – gerade zur Zeit der Weltausstellung, als Barcelona den Stand seiner Industrialisierung und Produktion feierte – die meisten der großen Unternehmen außerhalb der Metropole entlang der Flußläufe des Llobregat, Ter und Cardener ansiedelten. Damit folgten die Unternehmen etwas verspätet dem britischen Modell der paternalistischen Industriekolonien aus dem 18. Jahrhundert.[11]

Wie die Industrialisierung als Antriebskraft des Modernisme fungierte, so bedurfte die Architektur einer Generation von prämodernistischen Meistern wie Elies Rogent, Joan Torras i Guardiola und Rafael Guastavino y Moreno, die dem aufkommenden neuen Stil mit ihren Theorien und ihrer gestalterischen Praxis den Weg ebneten. Joan Torras spezialisierte sich auf die Berechnung, Zeichnung und Konstruktion von neuen Metallstrukturen.[12] Der aus Valencia stammende Guastavino schuf während seiner Zeit in Barcelona so grandiose Bauten wie die Fabrik Batlló in der Carrer del Comte d'Urgell (1870–1875) oder das Asland-Werk (1901–1904). Guastavino perfektionierte die Konstruktion der traditionellen katalanischen, außerordentlich leicht gebauten Backsteingewölbe, indem er eiserne Zugstangen einzog, um so Riesenkuppeln für die Überdachung sehr großer Flächen bauen zu können. 1881 ging er in die Vereinigten Staaten, wo er Gebäude wie die Grand Central Station oder die Markthalle von Queensboro Bridge in New York, die Boston Library sowie verschiedene nordamerikanische Kirchen schuf.

Dieses neue Konstruktionsprinzip machte die massigen Stützpfeiler überflüssig und nahm so der traditionellen Backsteinbauweise die Wucht und Schwere. Die eisernen Zugstangen konnten entweder frei im Raum geführt oder hinter die Mauern verlegt werden. Backsteinmauerwerk und Eisen sollen dabei so miteinander kombiniert werden, daß die Ziegelstruktur der Wände und Decken den Druck aufnimmt, während die eisernen Zugstangen dazu dienen, die schräg einwirkenden Kräfte zu beherrschen. Sowohl die Backsteinkuppeln als auch die eisernen Zugstangen gehörten schon immer zum Handwerkszeug der katalanischen Architekten, neu war die Kombination beider Elemente. Leitendes Kriterium dieser Innovation war Viollet-le-Ducs formale Konzeption der Struktur, in der die Lastenverteilung völlig neu interpretiert und die Trennung von Haut und Skelett vorgeschlagen wurde.[13] Es liegt daher auf der Hand, daß dieses System eine Grundlage der modernistischen Architektur Kataloniens wurde. Bahnbrechendes Beispiel waren die von Elies Rogent entworfenen Almacenes Generales de Comercio (1874), die Hafenläger, die leider den jüngsten Bauarbeiten für das Olympische Dorf zum Opfer fielen.

Läden unter den Arkaden der Carrer del Rec; Verkaufsstand für Frischfleisch vor Kampfstieren am Markt Ninot.

MERCAT DE SANT JOSEP

Josep Mas i Vila, 1836–1840
La Rambla 85–89

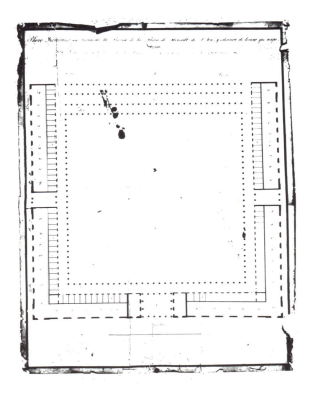

Als der Pla de la Boqueria die Vielzahl der Händler nicht mehr aufnehmen konnte und sich die Verkaufsstände und Buden entlang der Rambla de Sant Josep ausbreiteten und dort zu erheblichen Behinderungen führten, entschloß sich die Stadtverwaltung zu handeln. Auf dem Grundstück des niedergebrannten Karmeliterkonvents an der Plaça de Sant Josep sollte ein neuer großer Markt entstehen: ein offener, von einem ionischen Säulengang gerahmter Platz. Doch noch bevor die Arbeiten beendet waren, wurden die ersten Proteste der Anwohner und auch der Händler laut, die eine geschlossene und überdachte Halle forderten und diese 1870 auch durchsetzen konnten.

MERCAT DEL BORN

Josep Fontserè i Mestres, Josep Maria Cornet i Mas, 1873–1876
Plaça Comercial 12

MERCAT DEL BORN

Mit den neuen Markthallen, insbesondere mit der des Mercat del Born, wurde in Spanien die Epoche der Eisenarchitektur eingeläutet, und in Barcelona wies man stolz darauf hin, daß die dafür notwendigen Materialien alle aus Katalonien stammten. Der Bau wird durch zwei unterschiedlich lange, sich in der Mitte überschneidende Hauptschiffe gegliedert; das Zentrum ist mit einer achteckigen Kuppel überbaut. Parallel zur langgestreckten Haupthalle liegen kleinere Seitenschiffe, wodurch die Gesamtkonstruktion die Form eines Rechtecks erhält.

Der Bau des Mercat de Sant Antoni, der ein ganzes Planquadrat einnimmt, ist die einzige Markthalle Barcelonas, die sich an die Vorgaben Cerdàs hält. Zwei diagonal verlaufende Schiffe bilden die Form eines griechischen Kreuzes und entsprechen in ihrem klaren geometrischen Aufbau exakt den Entwürfen, die sich Cerdà für öffentliche Plätze erhoffte. Wochentags werden hier exotische Früchte, frisches Gemüse und Fisch feilgeboten, und sonntags reihen sich an der Ronda de Sant Antoni die Verkaufsstände des Bücherflohmarktes aneinander.

MERCAT DE SANT ANTONI

Antoni Rovira i Trias, Josep Maria Cornet i Mas, 1876–1882
Carrer del Comte d'Urgell

Elies Rogent, der erste Direktor der 1877 in Barcelona gegründeten Escuela de Arquitectura, war der eigentliche Mentor und Vordenker der modernistischen Architekten.[14] In seinem bereits erwähnten Projekt für die Universität Barcelona spürt man den starken Eindruck Viollet-le-Ducs, aber auch die Auseinandersetzung mit Architekten wie Leo von Klenze und Friedrich von Gärtner.

Das wohl spektakulärste Ergebnis des technologischen Fortschritts waren die neu entstandenen Märkte, wie der schon genannte Mercat Sant Josep, der Mercat del Born (1873–1876) und der Mercat de Sant Antoni (1876–1882). Bereits 1847 wurde der Santa-Caterina-Markt noch als reine Holzkonstruktion gebaut. Seit dem Mittelalter fanden die Märkte auf offenen Plätzen statt. In der zweiten Hälfte des 19. Jahrhunderts ging man jedoch immer mehr zu geschlossenen Hallen über und machte sich die neuen Konstruktionen aus gußeisernen Säulen und metallenen Streben zunutze, mit denen sich große Flächen überdachen lassen. Der Markt als Mittelpunkt des täglichen Lebens, mit seiner üppigen Vielfalt an Lebensmitteln, der Kraft der leuchtenden Farben, den so verlockenden Düften und dem bunten Stimmengewirr ist bis heute Markenzeichen und Treffpunkt der Stadtviertel Barcelonas geblieben.

Schon während der Weltausstellung 1888 waren an markanten Plätzen der Stadt die Erstlingswerke des Modernisme zu sehen. Da sind zunächst die von Lluís Domènech i Montaner, einem Schüler Elies Rogents, entworfenen Mietshäuser und die beiden – inzwischen umgebauten – Verlagshäuser zu nennen. Das ehemalige Verlagshaus Montaner i Simon (1879–1885) ist ein vorzügliches Beispiel für einen prämodernistischen und protorationalistischen Stil. Heute beherbergt es die Antoni-Tàpies-Stiftung, deren Fassade von einer einzigartigen Skulptur mit dem Namen »Nube y Silla« (Wolke und Stuhl) gekrönt wird. Das Verlagshaus Thomas (1895–1898) ist jetzt Sitz des Verlags B. D. Ediciones de Diseño, der sich einem innovativen, postmodernen Design verschrieben hat.

Die beiden komplexesten Bauwerke von Lluís Domènech i Montaner sind der Palau de la Música Catalana (1905–1908), der zwar von einer protorationalistischen Raumaufteilung ausgeht, dessen überladene Ornamentik jedoch beinahe rauschhafte Dimensionen annimmt, und das Hospital de la Santa Creu i de Sant Pau (1902–1911), eine regelrechte Krankenhausstadt, bei deren Bau die »Beaux Arts« Pate standen. Das gesamte Werk von Domènech ist ein hervorragender Beleg dafür, wie die Architektur durch Zusammenarbeit mit dem Handwerk die unterschiedlichen, auf das architektonische Werk angewandten Künste zu einem Ganzen zusammenfügt. Dahinter stand der Wunsch nach einer Synthese der Künste, der sich wie ein roter Faden durch die Architektur von William Morris, Walter Gropius, Le Corbusier bis hin zu den Synkretisten der mexikanischen Architektur der vierziger Jahre zieht.

VERLAGSHAUS MONTANER I SIMON

Lluís Domènech i Montaner, 1879–1885;
Lluís Domènech i Girbau und Roser Amadó
i Cercós, 1985–1990
Carrer d'Aragó 255

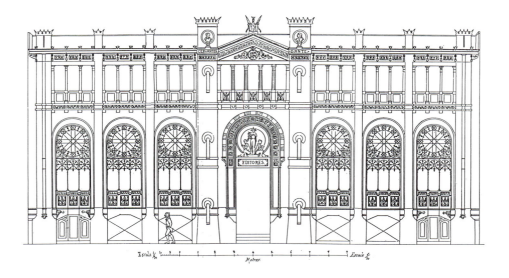

67

VERLAGSHAUS MONTANER I SIMON

Die Verlagsräume nach dem Umbau zur Fundació Antoni Tàpies; Grundrisse

Die Handschrift Domènechs zeigt sich sowohl im klaren Aufbau dieses ehemaligen Verlagshauses wie in der effektvollen Gußeisenkonstruktion. Heute ist hier die Stiftung des katalanischen Malers Antoni Tàpies untergebracht, dessen luftige Skulptur »Wolke und Stuhl« aus zweieinhalb Kilometern Aluminiumdraht das Dach krönt. Ansonsten ist die Fassade original erhalten, das Relief über dem Eingang zitiert den wiederentdeckten maurischen Ornamentstil.

Das Innere des Hauses wurde von Roser Amadó und Lluís Domènech, einem Urenkel des Architekten, mit großer Sorgfalt zu einem Forum für moderne Kunst umgestaltet. Die raumstrukturierenden Säulen und Galerien blieben bestehen und wurden durch eine zurückhaltende Ausstellungsarchitektur sehr gelungen ergänzt. Die hohen, massiven Holzregale des Verlags stehen heute in der Bibliothek der Stiftung.

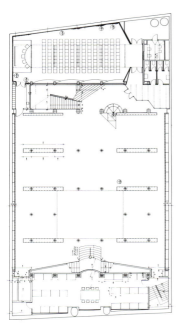
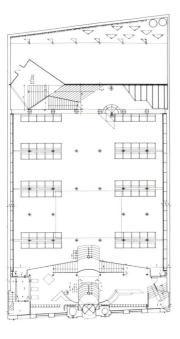

CASA THOMAS

Lluís Domènech i Montaner, 1895–1898;
Francesc Guàrdia i Vial, 1912; Studio PER,
1979
Carrer de Mallorca 291–293

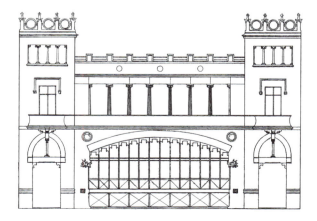

Die Casa Thomas war ursprünglich ein zweigeschossiges Wohn- und Geschäftshaus. Bei der umfangreichen Erweiterung des Hauses 1912 blieb das Erdgeschoß erhalten. Darauf wurden drei komplett neugestaltete Wohnetagen gebaut und der ehemalige erste Stock als Abschluß in den vierten versetzt. Nach einer behutsamen Renovierung Ende der siebziger Jahre wird das Erdgeschoß als Showroom für modernes Design genutzt.

CASA MARTI
Josep Puig i Cadafalch, 1895–1896
Carrer de Montsió 3

Ausgehend von einem neogotischen Konzept in Ornamentik und Aufbau vereint die Casa Martí historisierende und modernistische Elemente.
»Els Quatre Gats«, »Die vier Katzen«, im Erdgeschoß der Casa Martí, war seit jeher ein beliebter Künstlertreff. Der Maler Pere Romeu, der dem Vorbild des Pariser »Le Chat Noir« nacheifern wollte, richtete dieses Lokal ein. Auch Pablo Picasso zählte hier zu den Stammgästen.

FINCA GÜELL
Antoni Gaudí i Cornet, 1884–1887
Avinguda de Pedralbes 77

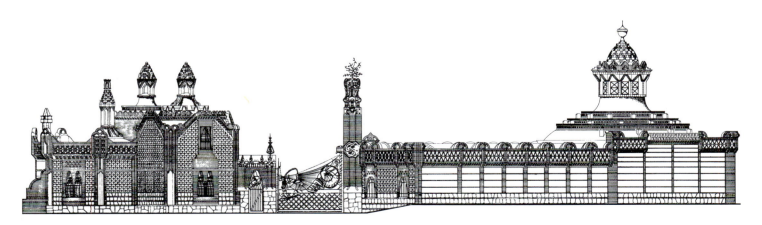

Lluís Domènech i Montaner gab schon 1878 in seiner Schrift »En busca de una arquitectura nacional« (»Auf der Suche nach einer nationalen Architektur«) erste Hinweise auf den nahenden Modernisme. Zur gleichen Zeit entstanden die ersten Werke des Architekten Antoni Gaudí i Cornet. Er brachte eine akademische Ausbildung mit und war durch die Schule der »Beaux Arts« gegangen. Außerdem zeigte er große Bewunderung für den Strukturrationalismus eines Viollet-le-Duc und die mittelalterliche Ethik eines John Ruskin.

Gaudí, der anfänglich mit Josep Fontserè zusammenarbeitete, baute in den ersten Jahren seiner Laufbahn die Casa Vicens (1878–1888) in Gràcia, eine für Manuel Vicens i Montaner entworfene Vorstadtvilla, die mittelalterliche und islamische Kunsteinflüsse erkennen läßt. Ferner das Convento Teresiano (1880–1890), dessen Interieur an den Mudéjarstil erinnert, die Casa Calvet (1889–1904) in der Carrer de Casp und schließlich den Palau Güell (1885–1890) ganz in der Nähe der Rambles, dessen prunkvolle, mittelalterlich anmutende Innenausstattung exakt auf den Einfall der Sonnenstrahlen ausgerichtet ist. In dieser ersten Schaffensphase ging Gaudí vom vorherrschenden Eklektizismus aus, tendierte dann zum Neogotischen, zeigte aber gleichzeitig schon erste Anzeichen einer Übereinstimmung mit Mackintosh und dem Art-Nouveau-Stil.

CASA VICENS

Antoni Gaudí i Cornet, 1878–1888
Carrer de les Carolines 18–24

Mit 26 Jahren, kurz nach dem Abschluß seines Architekturstudiums, erhielt Gaudí diesen Privatauftrag zum Bau eines Sommerhauses für die Familie des Ziegeleibesitzers und Keramikfabrikanten Manuel Vicens, einem frühen Mäzen Gaudís. Zur Verfügung stand ein verhältnismäßig kleines Grundstück in Gràcia, das damals noch außerhalb Barcelonas lag. Trotzdem konnte ein großzügiger Park gestaltet werden, weil das Haus nicht in die Mitte, sondern an den Rand des rechteckigen Geländes gelegt wurde. Bei späteren Erweiterungen wurde die Gartenanlage teilweise zerstört, erhalten geblieben ist jedoch die kunstvolle Einfriedung zur Straße mit den gußeisernen Zwergpalmblättern.

Das Gebäude selbst ist ein Gesamtkunstwerk: Während die Fassaden des Erdgeschosses noch eher spanischem Stil entsprechen, zauberte Gaudí mit den beiden oberen Etagen und dem Dach zunehmend arabische Impressionen hervor. Dominant sind die schachbrettartig ornamentierten Keramikflächen – und Bänderungen der Türmchen, Erker und Giebelfelder. Ziegel und Fliesen stammen selbstverständlich aus den Fabriken des Bauherrn, der sein Sommerhaus damit auch zu einem »Muster-Pavillon« seines Unternehmens machte.

Die verspielte Anlage und üppige Dekoration der Fassaden erinnert an orientalische Paläste und läßt das Gebäude größer erscheinen, als es eigentlich ist.

Das Innere wird bestimmt von exotischem Komfort. Kein Quadratzentimeter der Wände und Decken blieb von Gaudís ornamentaler Phantasie unbedacht – der Salon und die Decke des Speisezimmers mit Kirschbaumzweigen aus bemaltem Stuck sind Beispiele dafür.

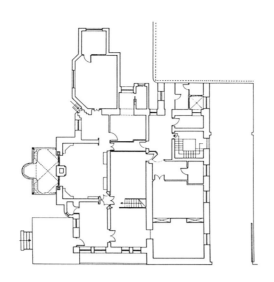
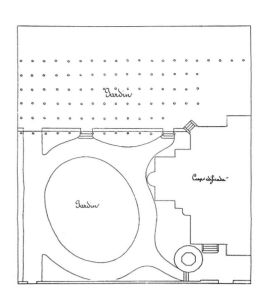

CASA VICENS
Salon und Decke des Speisezimmers

PALAU GÜELL
Antoni Gaudí i Cornet, 1885–1890
Carrer Nou de la Rambla 3 und 5

Knapp 400 Quadratmeter sind keine Grundfläche für einen Palast, auch die Gegend war untypisch für einen Prachtbau. Aber was bedeuten schon übliche Kriterien, wenn ein genialer Architekt wie Antoni Gaudí auf einen generösen Bauherrn wie Eusebi Güell i Bacigalupi trifft. Dieser wichtigste Mäzen und später auch enge Freund Gaudís, der, aus kleinen Verhältnissen stammend, als Geschäftsmann in Amerika ein Vermögen gemacht hatte, dann als Graf in den Adel aufstieg, ein katalanischer Patriot, der seine soziale Herkunft nie vergaß, kein Geizhals war, sondern ein Kosmopolit mit Stil, verhalf Gaudí mit diesem Auftrag zu seinem ersten großen Erfolg.

Güell wollte ein Stadtpalais: zentral, gerade um die Ecke der Rambles, nicht weit vom Hafen und nicht unbedingt im nobelsten Viertel. Das nur 18 mal 22 Meter messende Grundstück in der engen ehemaligen Conde del Asalto hatte Güell erworben, um hier eine neue erste Adresse der Stadt bauen zu lassen. Und in der Tat: Was Gaudí aus dieser schwierigen Aufgabe entwickelte, wurde zum idealen Rahmen für zahllose Empfänge, Lesungen und Konzerte.

Zur Gestaltung der Hauptfassade zeichnete Gaudí mehr als 20 Varianten. Wie Güell bevorzugte er eine klare, symmetrische Lösung im venezianischen Stil. Irritierend neu waren allenfalls die beiden parabolischen Rundbögen der Toreinfahrten. Auch der äußerst kunstvoll ziselierte Eisenzierat zwischen und in den Bögen – zwischen den Toren das katalanische Wappen, in den Bögen die Initialen des Hausherrn – lenkt mit seinem frühen Jugendstil von der streng gegliederten Fassade ab.

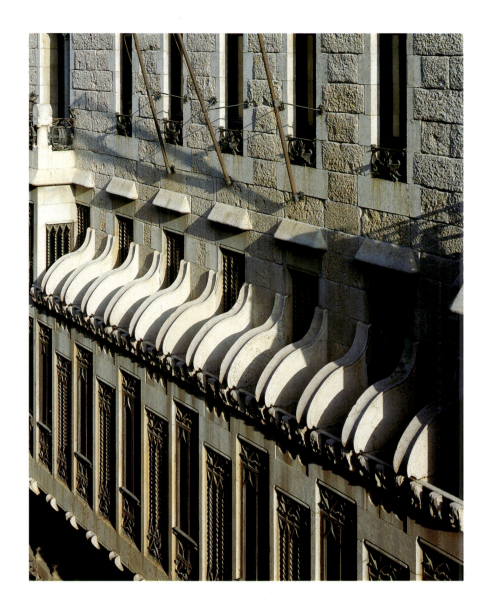

PALAU GÜELL
Rückwärtige Fassade und Dachlandschaft

Die Symmetrie der Frontfassade deutet kaum auf die komplizierte Innengestaltung des Palastes hin. Der Palau Güell ist ein Ideenparadies der Raumnutzung: etwa die Gewölbe im Untergeschoß, die für Pferde und Kutschen bestimmt waren, oder die Einfahrtshalle, die sich hinter den beiden großen Toren im Erdgeschoß öffnet, vor allem aber die Salonhalle der ersten Etage. Daß hier die Grundfläche des gesellschaftlichen Parketts relativ klein ist, fällt wegen der unerhörten Höhe des Raums von über 17 Metern gar nicht weiter auf. Ein konischer Turm auf der Dachterrasse brütet geradezu über der Kuppel dieses Salons und ermöglicht dessen Höhe. Zugleich speisen kleine Luken den Innenraum von oben mit Licht und imaginieren bei Tag einen Sternenhimmel.

Der Turm ist nicht die einzige bizarre Figur auf dem Dach: 18 nicht minder skurrile Schornsteine und Ventilationskamine leisten ihm Gesellschaft. Sie sind Gaudís erste praktische Studien seiner später so berühmten Dachskulpturen auf der Casa Batlló und der Casa Milà.

Von der schlichten Rückfassade des Palastes hebt sich lediglich ein jalousienummantelter Vorbau ab. Wären nicht die surrealen Dachaufbauten, könnte man das Gebäude für ein herkömmliches Wohnhaus halten.

80

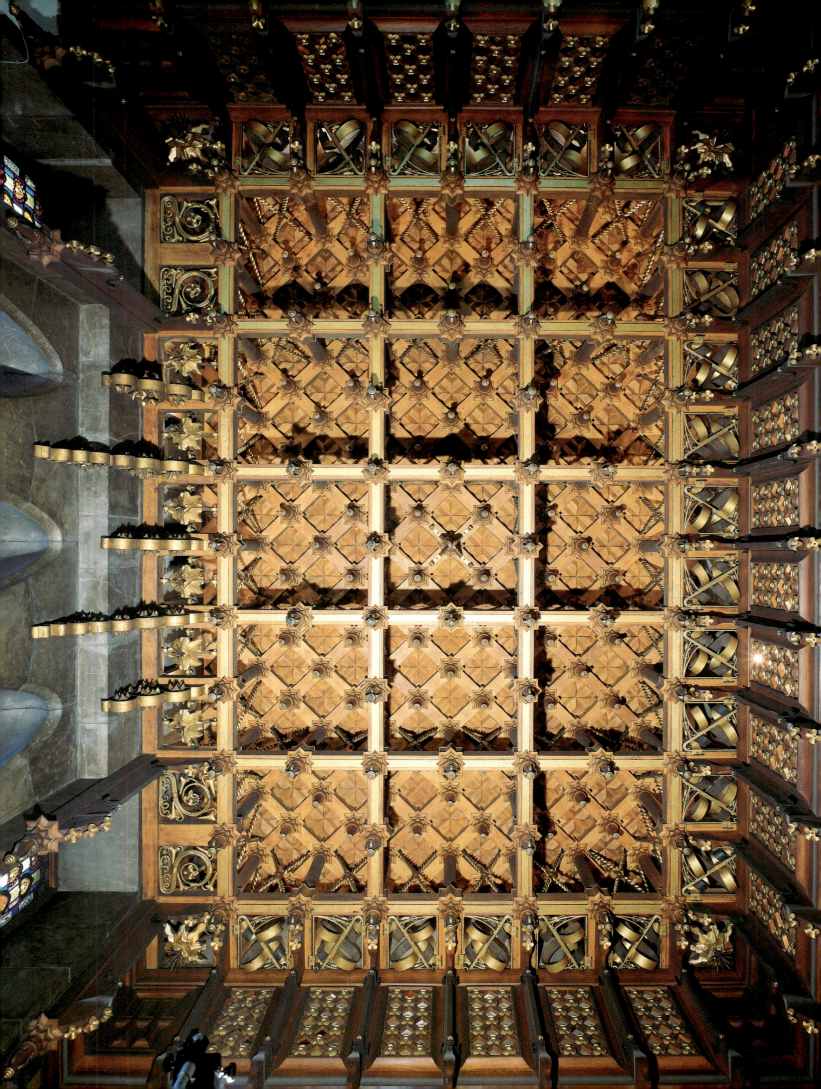

PALAU GÜELL
Wohnraum im ersten Stock mit der ursprünglichen Möblierung; Decke des Wohnraums

PALAU GÜELL
Kuppel über der großen Halle im ersten Stock;
Sofa aus dem Schlafzimmer des Hausherrn im
zweiten Stock

DIE BLÜTEZEIT DES MODERNISME

SAGRADA FAMILIA

Fransisco de Paula del Villar i Lozano,
1882–1883; Antoni Gaudí i Cornet,
1884–1926
Plaça de la Sagrada Familia

Ursprünglich wurde diese Kirche des Architekten Villar von neogotischen Kompositions- und Stilelementen bestimmt. Doch bald übertrug man den Auftrag an Antoni Gaudí, der den Entwurf langsam veränderte, bis er ihn in einem einmaligen Schaffensprozeß zu einem der außergewöhnlichsten architektonischen Werke des 20. Jahrhunderts entwickelte. Diese Arbeit bestimmte einen bedeutenden Teil seines Lebens: Er überarbeitete immer wieder die Pläne, machte die Vorgaben zu den Modellen und fand neue Lösungen für Details.

Als Gaudí 1926 starb, hatte man nur die der Geburt Christi gewidmete Ostfassade vollendet, anschließend wurde das Werk von seinen Schülern fortgesetzt. Doch mit der Zeit wurde die Kritik immer lauter, da man sich zunehmend von der persönlichen Handschrift Gaudís entfernte, die sich in der ständigen Auseinandersetzung mit dem Projekt ausgeprägt hatte. Diese Diskussion hält bis heute an und verstärkte sich besonders nach der Berufung Josep Maria Subirachs 1986, dessen Aufgabe es ist, moderne Skulpturen für die Fassaden zu formen.

PFARRSCHULE DER SAGRADA FAMILIA

Antoni Gaudí i Cornet, 1906
Carrer de Mallorca 403

Dieses kleine Schulhaus mit seinem gewellten Dach war eigentlich nur als Provisorium gedacht. Es reinterpretierte die flachen, weitgespannten katalanischen Backsteingewölbe auf ganz eigene Art und wurde so zum Lehrstück. Die Schalung des weichmodelliert, unregelmäßig erscheinenden Dachs kam nämlich ausschließlich mit Geraden aus. Auch Le Corbusier war einer der Bewunderer dieses kleinen Gebäudes, das in seiner Einfachheit die gesamte Originalität, organisch-harmonische Bauweise und Dynamik der Architektur Gaudís in sich vereint.

Um 1900 hatte sich der Modernisme auf breiter Front durchgesetzt. Als elitäre Strömung wollte er vor allem das Bürgertum ansprechen; sein Aufstieg vollzog sich zeitgleich mit der Entwicklung verwandter Kunstrichtungen in Europa: Art Nouveau, Jugendstil, Liberty, Sezession, und anderen. Der Modernisme war keine einheitliche oder unverfälschte Bewegung. Zwar gab es, bedingt durch die Epochenzugehörigkeit, einige stark ausgeprägte, wiederkehrende Züge, aber im Grunde handelte es sich doch um eine Vermischung und Fortentwicklung ganz verschiedener Strömungen und individueller Beiträge.[16] Die umfassendste Entwicklung nahm der Modernisme in den Bereichen der Architektur und der dekorativen Kunst.

Der Modernisme in Katalonien richtete seinen Blick auf Paris, den Orientierungspunkt vieler Künstler, und auf die englischen Theoretiker John Ruskin und William Morris, deren Schriften seit 1901 übersetzt wurden. Katalonien war zu jener Zeit ein Mikrokosmos, ein harmonisches Ganzes, und sein Bürgertum demonstrierte enge Verbundenheit. Diese drei Faktoren erlaubten es dem Modernisme, sich als umfassendes soziales Projekt zu etablieren. Eine Art gemeinsamen Nationalgefühls, das sich auch auf Religion und Wirtschaft erstreckte, förderte einen ungehinderten Austausch der Ideen zwischen Politikern, Künstlern und Industriellen.

Es gibt einige bemerkenswerte Grundzüge des Modernisme in der Architektur, die sich fast ausschließlich in Katalonien und vor allem in Barcelona entwickelten. Sie wurden sichtbar an Gebäuden, deren Anordnung den Kompositionsregeln der Beaux Arts folgte, die sich in der Formgebung jedoch Bezugspunkte im Mittelalter oder anderen geschichtlichen Epochen suchten. Sehr beliebt war die kunstvolle Ausarbeitung des Mauerwerks, die die Schönheit des natürlichen Materials unterstrich und gleichzeitig subtile Akzente setzte.

Der wichtigste Vertreter der modernistischen Architektur war ohne Zweifel Antoni Gaudí. Der Temple de la Sagrada Familia wurde zum Inbegriff seines außergewöhnlichen Werks. Der langsame Fortschritt der Bauarbeiten – Gaudí widmete sich zwischen 1884 und 1926 über vierzig Jahre seinem Hauptwerk und unterbrach die Arbeit nur während des Ersten Weltkriegs[17] – führte dazu, daß die Kirche parallel zu seinen reiferen Arbeiten wuchs und die Entwicklung der letzten Phase seiner Schaffensperiode zusammenfaßte.[18] Ihr überraschendstes Element, die an Lehmbauten erinnernden Türme, ist nicht dem Art Nouveau verwandt, sondern entstammt Vorbildern aus der Natur und der Baukunst nordafrikanischer Stämme. Gleich neben der Sagrada Familia steht das von Le Corbusier am meisten bewunderte Bauwerk: die kleine Schule mit dem welligen Dach (1906).[19]

Als Gaudí starb – die Sagrada Familia war mitten im Bau – hinterließ er Zündstoff für heftige Diskussionen. Pläne gab es so gut wie keine, denn es gehörte zu Gaudís Vorgehensweise, ständig zu experimentieren. Das Gesamtwerk ist zwar im Sinne

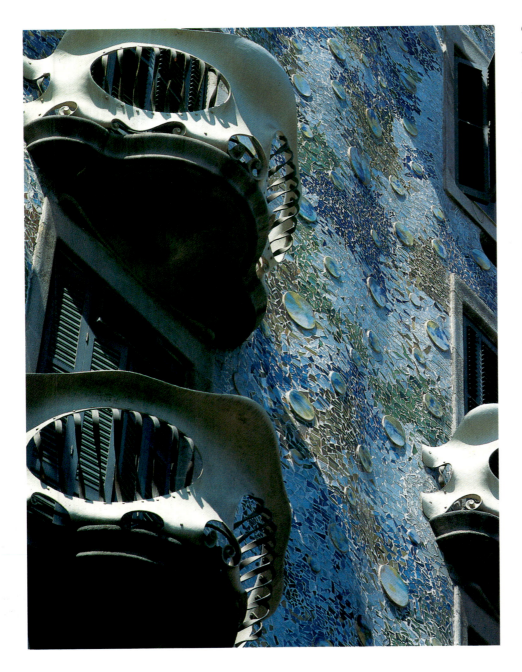

CASA BATLLO

Antoni Gaudí, 1904–1907
Passeig de Gràcia 43

Wer nur Zeit für einen Schnellkurs in modernistischer Architektur hat, fährt am besten zum Passeig de Gràcia. Im sogenannten Unharmonischen Block stehen hier friedlich vereint: die Casa Lleó Morera von Domènech i Montaner, die Casa Amatller von Puig i Cadafalch sowie die Casa Batlló und ein kleines Stück weiter die Casa Milà, beide von Gaudí.
Im direkten Vergleich der Fassaden treten die individuellen Auffassungen dieser drei wichtigsten Architekten des Modernisme in Barcelona deutlich zutage: verspielter Jugendstil die Casa Lleó Morera, die Casa Amatller präsentiert sich mit einem neugotischen Treppengiebel und geometrischem Ornament, und die Projekte Gaudís beziehen sich auf die organischen Formen der Natur.
Bei der Umgestaltung der Casa Batlló konnte sich Gaudí völlig frei entfalten, der Auftraggeber Josep Batlló i Casanovas, ein vermögender Textilhersteller, machte ihm keinerlei Vorgaben. Der Straßenfassade gab Gaudí ein ungewohnt neues, »lebendiges« Gesicht. Über fünf Arkaden liegt die Beletage mit ihren hellen, wie aus Ton modelliert wirkenden Steinfassungen, und die bizarren Balkone sind wie Masken vor die Fenster geschoben. Das Mosaik der leicht gewellten Fassade erinnert an die Haut eines überdimensional großen Reptils, und auch das mit grünen »Keramikschuppen« belegte Dach, das sehr geschickt zwischen den unterschiedlichen Niveaus der Nachbarhäuser vermittelt, legt solche Assoziationen nahe.

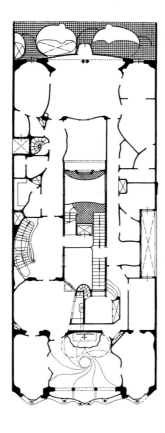

des Architekten fortgeführt worden, sein zeitgenössischer Charakter ging jedoch verloren. Tatsächlich vollendete Gaudí nur einige wenige Fragmente. Was nach seinem Tode hinzugebaut wurde, ist im Grunde nur eine grobe Imitation. Das alles hat dazu geführt, daß seit den sechziger Jahren die Kritik nicht mehr verstummen will, hier werde an einem Bauwerk weitergearbeitet, das sich mit der Zeit in eine »Kathedrale des Kitschs« verwandelt habe.

Die über persönliche Stilmuster hinausgehende Reifephase im Werk Gaudís wird von der Suche nach neuen, leichten Konstruktionen bestimmt, die es erlauben, große Räume zu gestalten. Aus diesem Grunde zeigte Gaudí großes Interesse an der strukturellen Logik der gotischen Architektur. Auf diese Bezug nehmend, experimentierte er völlig frei und abstrahierte mit großer formaler Strenge; die Formen der Natur dienten ihm dabei stets als Orientierung. Die Dachterrasse der Casa Milà, die Säulenhalle des Parc Güell und der Raum der unvollendeten Krypta der Colonia Güell (1898–1915) sind, was die räumliche Gestaltung und die organisch gewachsene Struktur betrifft, drei seiner reichhaltigsten Bauten.

Das aufsehenerregendste städtische Gebäude Antoni Gaudís ist die in den Jahren 1906 bis 1910 erbaute Casa Milà am Passeig de Gràcia, im Volksmund auch als »Pedrera« (Steinbruch) bekannt. Es handelt sich dabei um einen sehr ausdrucksstarken, großzügigen Komplex innerhalb der vom Eixample-Plan vorgegebenen architektonischen Koordinaten. Die wichtigste Neuerung besteht in der Abschaffung der in den Mietshäusern üblichen Treppenhäuser. In der Casa Milà gelangt man nur auf mechanischem Wege – mit dem Fahrstuhl – oder über den Dienstbotenaufgang in die eigenen vier Wände. Daraus resultiert eine völlig neue Art des Innenhofs; statt der kleinen, ungesunden Innenhöfe finden sich hier zwei großdimensionierte und außergewöhnlich organische Höfe. Gaudí konzipierte freie Grundrisse, die es ihm erlaubten, eine vielfältige Abfolge von Wohnräumen mit konvexen Korridoren zu den Innenhöfen, Wänden mit polygonaler Linienführung und gewundenen, flachen Zimmerdecken, zu organisieren. Es gibt keine geraden Linien in der »Pedrera«. Die wellige Steinfassade und die amorphen Balkongeländer, die an Meeresalgen erinnern, rufen im Betrachter die Erinnerung an Felsen hervor, in denen das Meer und die Zeit ihre Spuren hinterlassen haben. Auf der begehbaren Dachterrasse erreicht die gestalterische Leidenschaft ihren Höhepunkt in skulpturalen Ventilationsschächten und Schornsteinen, die dynamische, schraubenförmige und geradezu phantastische Formen aufweisen.

Der von Gaudís wichtigstem Mäzen, Eusebio Güell, in Auftrag gegebene Parc Güell (1900–1914) ist im Vergleich zu anderen Projekten am stärksten in die Landschaft eingebettet. Dieses immense Ensemble ist ein authentisches Universum der Formen und der Ikonologien, die auf Gaudís ganz eigene Welt Bezug nehmen: auf die Natur,

CASA BATLLO

Die Fassade nach der völligen Umgestaltung
durch Antoni Gaudí; Grundriß

CASA BATLLO
Treppenaufgang zur Beletage

Fließende Formen bestimmen auch das Innere des Hauses: Wände, Decken, Türen, Einbauten, Geländer. Glastüren, Oberlichter und große, buntverglaste Fenster geben ein angenehm gedämpftes Licht. Unkonventionell ist die Lösung des Haupttreppenaufgangs im Innenhof des tiefen, schmalen Grundstücks. Um in den unteren Etagen den gleichen Lichteinfall zu erzielen wie in den oberen, werden die Fenster von oben nach unten größer. Auch die Farbabstufung der Wandkacheln von Hell- zu Dunkelblau reguliert die unterschiedliche Lichtintensität.

CASA BATLLO
Haupttreppenaufgang mit Fahrstuhl im
glasüberdachten Innenhof

das Christentum, Katalonien und den Mittelmeerraum. Das Werk ist eine überschäumende Synthese, hinter der neu interpretierte, klassische Elemente zum Vorschein kommen, wie zum Beispiel die dorische Kolonnade. Gleichzeitig manifestiert sich die Logik der industriellen Massenfertigung, wie bei den mit Keramikscherben belegten, sich mäandrisch schlängelnden Bänken über der erwähnten Säulenhalle. Im Gleichklang mit der biomorphen Plastizität der Architektur Victor Hortas und Hector Guimards entwarf Gaudí einen naturalistischen, neoromantischen Park, der einen Hauch von Wagner-Musik und Gullivers Reisen spüren läßt.

Während der Reifephase in Gaudís Schaffen entsteht am Passeig de Gràcia auch die Casa Batlló (1904–1907), kein eigentlicher Neubau, sondern eine umfassende Neugestaltung.[20] Die knochigen Steinsäulen, Eisengeländer in Maskenform und die reptilartige Fassadenhaut sind Elemente dieser völligen Umformung. Der markante Dachkamm ist dabei meisterhaft in das bestehende Ensemble eingefügt.

Die Architekten des Modernisme nutzten die homogene Struktur der Cerdàschen Erweiterung und die eklektizistische Architektur der Baumeister des 19. Jahrhunderts als Grundlage und Fond ihrer individuellen, phantasievollen Eingriffe. Aber im Grunde bewiesen sie durch ihre Arbeiten, daß sie die isotrope Linienführung Cerdàs ablehnten und sich eigentlich eine Stadt der Boulevards, der Diagonalen, der gewundenen Wege und öffentlichen Plätze voll von Unregelmäßigkeiten und einzigartigen Details gewünscht hätten.

Das architektonische Erbe Gaudís lebte in einer Reihe von begabten Schülern weiter, die von seinem naturalistischen Modernisme ausgingen, sich aber später zum Noucentisme und Protorationalismus hin entwickelten.[21] Hier sind Francesc Berenguer, Joan Rubió i Bellvé[22] und ganz besonders Josep Maria Jujol zu nennen, dessen einzigartiges Werk, mit Ausnahme der Casa Planells (1923—1924) in der Avinguda Diagonal und dem für die Weltausstellung von 1929 erbauten Brunnen auf der Plaça d'Espanya, außerhalb Barcelonas entstand.[23]

Auch das Werk von Josep Puig i Cadafalch reflektiert einen intensiven Entwicklungsprozeß. Besonders seine späten historischen und archäologischen Studien sind von herausragender Bedeutung. Die Casa Amatller (1898—1900) und die Casa de les Punxes (1903—1905) sind zwei seiner auffälligsten Arbeiten aus der Zeit des Modernisme und zeigen, daß bei ihm die Stadtwerdung beim Haus und der häuslichen Dimension beginnt. Seine auf Haus und Stadt ausgerichtete Arbeit führte ihn nach und nach zu Positionen, die den betont singulären, artistischen Stil des Modernisme hinter sich lassen und sich dem Noucentisme zuwenden.

Die Industrieanlage der Casarramona-Fabrik (1909—1911) ist die gelungenste und spektakulärste Arbeit von Puig i Cadafalch. Der weitläufige Komplex füllt die Fläche eines Häuserblocks des Cerdàschen Plans; riesige, mit eisernen Zugstangen verstärkte katalanische Backsteingewölbe gliedern die Räume. Zwei Wassertürme, von gotisch anmutender Vertikalität, sind dem horizontalen Charakter des Gesamtensembles kontrapunktisch entgegengesetzt. Die vielfältigen Aktivitäten von Puig i Cadafalch als Architekt, Förderer der katalanischen Kultur, Politiker und Historiker waren Teil eines kohärenten, schlüssigen Plans. Es handelte sich um ein großangelegtes Projekt, das nur gelingen konnte, wenn man es von verschiedenen Seiten her anging. Um eine eigenständige katalanische Kunst und Architektur legitimieren zu können, mußten die politischen und kulturellen Institutionen gelenkt und das historische und archäologische Wissen aufbereitet werden. Zum Beweis der formalen Gültigkeit dieser Prinzipien mußte modellhafte Architektur realisiert und in die Stadtstrukturen, als Rahmen des bürgerlichen Lebens, eingegriffen werden.[24]

CASA AMATLLER
Josep Puig i Cadafalch, 1898–1900
Passeig de Gràcia 41

Wie bei der Casa Batlló handelt es sich auch hier um einen Umbau. Puig i Cadafalch – gleichermaßen als Politiker, Historiker, Archäologe und Architekt aktiv – gilt als herausragender Interpret des neogotischen Modernisme. Die ondulierten Formen und üppigen Ornamente des Jugendstils ersetzt er durch geometrische Muster, hält jedoch an den Farben und Materialien des Modernisme – wie eingefärbtem Glas, ornamentierter Keramik und Sgraffiti – fest. An der Fassade der Casa Amatller finden sich Zitate der katalanischen Gotik, etwa bei der Balkon- und Fenstergestaltung im zweiten und vierten Stock oder bei den Arkaden im Erdgeschoß und der dritten Etage, die Cadafalch elegant mit Stilelementen der niederländischen Architekturtradition kombiniert, indem er das gestaffelte Giebelfeld mit farbigen Keramikfliesen belegt. Besondere Beachtung verdienen auch die bildhauerischen Arbeiten von Eusebi Arnau am Eingangsportal und über den Balkonen.

Heute hat das Institut für Spanische Kunst hier seinen Sitz, und das Vestibül des Hauses ist offen für Besucher, die die Glasmosaiken und prächtigen Leuchter, die Keramikarbeiten und Skulpturen ansehen möchten.

CASA AMATLLER

Details des Treppenhauses; Leuchte in der Beletage

CASA MACAYA

Josep Puig i Cadafalch, 1899–1901;
Jaume Bach, Gabriel Mora, 1989
Passeig de Sant Joan 106

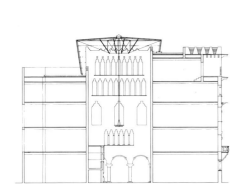
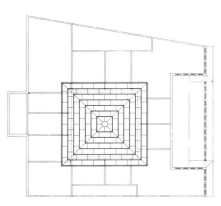

CASA MACAYA
Details der Straßenfassade und des Innenhofes

Beim Umbau dieses Wohnhauses folgte Puig i Cadafalch den ästhetischen Gestaltungsprinzipien der Casa Amatller. Beide Projekte gelten als Musterbeispiele für seine modernistische Phase.
Sowohl der große Innenhof mit dem Treppenaufgang wie die weiß verputzte Fassade und die schmiedeeisernen Gitter erinnern an Renaissance-Bauten in Valencia oder Palma de Mallorca. Insbesondere die Sgraffiti der Casa Macaya kündigen bereits die Tendenz zu einer auf lokale Tradition zurückgehenden Gestaltung an, die später als populistische Variante des Noucentisme sein Werk entscheidend prägen wird.
Nach Umbauten von Jaume Bach und Gabriel Mora beherbergt die Casa Macaya heute das Kulturzentrum der Caixa de Pensions, eine der führenden Banken Spaniens. Der spektakulärste Eingriff war die Installation einer invertierten Pyramide aus Stahl und Glas über dem Innenhof.

107

CASA MACAYA

Arkaden im Innenhof und Eingangstor

CASA TERRADES

Josep Puig i Cadafalch, 1903–1905
Avinguda Diagonal 416–420

Das Grundstück, auf dem die Casa Terrades erbaut wurde, hat die Form eines ungleichmäßigen Sechsecks. Puig i Cadafalch entwarf hierfür einen in sich geschlossenen Gebäudekomplex, dessen Eckpunkte durch verschieden hohe Rundtürme mit spitz zulaufenden Kegeldächern markiert werden. Diesen verdankt das Bauwerk auch seinen zweiten Namen Casa de les Punxes, Haus der Spitzen. Türme und Fassaden lassen die Inspiration durch gotische Bürgerhäuser in Mitteleuropa erkennen, doch Puig läßt auch Motive katalanischer Bautradition einfließen. Die Verbindung und Neuinterpretation dieser Elemente erlauben es, das Projekt dem Modernisme zuzuordnen.

FABRIK CASARRAMONA

Josep Puig i Cadafalch, 1909–1911
Carrer de Mèxic 36–44

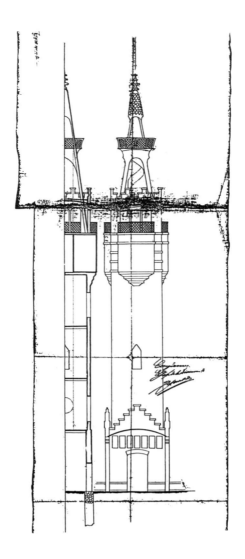

Bei diesem Projekt, einem Spätwerk Puig i Cadafalchs, handelt es sich um einen riesigen Industriekomplex mit Straßen und Höfen im Innenbereich. Damals im freien, unverbauten Gelände gelegen, grenzt die Anlage heute unmittelbar an das Weltausstellungsgelände von 1929. Die Gebäude nehmen die Fläche eines Cerdàschen Häuserblocks ein: Hallen mit flachen Backsteingewölben über einem seriellen Metallstützenraster bilden ein Quadrat, das an den Ecken abgeschrägt ist. Die »Zinnen« der Fassadenabschlüsse und die beiden hoch aufragenden Wassertürme verleihen dem Ensemble den Charakter einer mittelalterlichen Festung.

Nach dem Bürgerkrieg wurde die Produktion eingestellt, und der Komplex diente seitdem als Polizeiquartier. Vor kurzem ging er in den Besitz einer Bank über, die dort ein großes Kulturzentrum einrichten möchte.

GASWERK

Josep Domènech i Estapà, 1906
Passatge del Gasòmetre

Die Passatge del Gasòmetre gehörte zu den von Industrieanlagen und Lagerhallen geprägten »Hinterhöfen« Barcelonas am Meer, die sich durch die stadtplanerischen Konzepte für die Grenzbereiche der Barceloneta und des Poble Nou derzeit einschneidend verändern. Der Wasserturm des ehemaligen Gaswerks und das Gitterwerk des Gasometers werden jedoch erhalten bleiben.

BERGBAHNSTATION VALLVIDRERA

Bonaventura Conill, Arau Calvet, 1905
Carrer de Queralt 20

Der klar gegliederte, sparsam ornamentierte weiße Kubus über einem Sockel aus Natursteinmauerwerk erinnert an die Außenbezirksstationen der Wiener Stadtbahn von Otto Wagner. Eingang, Fenster und Tordurchgang der Straßenseite zeigen die im Jugendstil sehr beliebten parabolischen Bögen.

HOSPITAL DE LA SANTA CREU I DE SANT PAU

Lluís Domènech i Montaner, 1902–1911;
Pere Domènech i Roura, 1913–1923
Avinguda de Sant Antoni Maria Claret 167–171

HOSPITAL DE LA SANTA CREU

Das Hospital de la Santa Creu i de Sant Pau verdanken die Barceloneser dem Letzten Willen des Bankiers Pau Gil i Serra, der in seinem Testament vier Millionen Peseten für ein Modellkrankenhaus zur Verfügung stellte, das ursprünglich seinen Namen tragen sollte. Der Grundstein wurde am 15. Februar 1902 gelegt, und die Bauarbeiten gingen in den ersten Jahren zügig voran. Doch 1911 war die Erbschaft aufgebraucht; damals standen lediglich 8 der insgesamt 48 geplanten Gebäude. Und selbst diese Pavillons konnten nicht genutzt werden, da die Dächer noch fehlten. So kam es zu Verhandlungen zwischen den Nachlaßverwaltern und der Leitung des Hospitals, der unter der Bedingung, das Bauwerk wie vorgesehen zu vollenden, sämtliche Rechte daran übertragen wurden. Neues Bauland wurde dazugekauft und die Arbeiten mit großem Eifer fortgeführt.

Nicht zuletzt dank privater Spenden und durch den Verkauf des alten Hospitals konnte die Errichtung des Zentralpavillons und der Kirche finanziert werden.
An dem Gebäudekomplex lassen sich zwei Bauphasen ausmachen. In der ersten, zwischen 1902 und 1911, unter Lluís Domènech dominieren noch die modernistischen Tendenzen, so in den Backsteinkuppeln, den Pflanzenornamenten und den Keramikarbeiten.

HOSPITAL DE LA SANTA CREU
Deckengewölbe im Eingangsgebäude

Nach dem Tod von Lluís Domènech i Montaner übernahm sein Sohn die Leitung des Projekts. Zwischen der Loyalität gegenüber den ursprünglichen Plänen seines Vaters und den neuen Strömungen, die den Jugendstil überwinden wollten, abwägend, wählte er schließlich einen Mittelweg. Und so zeigen der Konvent, die Apotheke und die Küchen, vor allem aber das Erholungsheim seinen eigenen, eklektizistischen Geschmack und seine Neigung zu barocken Elementen.
Unter den zahlreichen Gebäuden verdienen vor allem die Krankenstationen in den Pavillons besondere Beachtung. Alle sind ein wenig verschieden, wenngleich mit ähnlichen Grundstrukturen, und durch ein ausgeklügeltes Tunnelsystem miteinander verbunden. Die Anlage der Pavillons machte einen direkten Zugang zu den Gärten möglich und sorgte für eine gute Luftzirkulation sowie für die optimale Nutzung des Sonnenlichts.
Schon 1930, vor allem aber 1961 – zu einer Zeit, als der Modernisme wenig Wertschätzung erfuhr – wurden umfangreiche, leider wenig gelungene Umbauten durchgeführt, die insbesondere im Innern der Gebäude vieles zerstörten. Erst bei den letzten Renovierungsarbeiten 1979 und 1980 ging man behutsamer mit diesem außergewöhnlichen Gebäudeensemble um und versuchte, die Anforderungen eines modernen Krankenhauses mit dem Erhalt des originären architektonischen Werks in Einklang zu bringen.

CASA LLEO MORERA

Lluís Domènech i Montaner, 1902–1906
Passeig de Gràcia 35

Die Casa Lleó Morera an der Ecke Passeig de Gràcia und Carrer del Consell de Cent ist wie die Casa Amatller und die Casa Batlló – die Trias des Modernisme im »Unharmonischen Block« – ein Umbau. Als Lluís Domènech die neuen Fassaden und Interieurs entwarf, war er auf dem Höhepunkt seiner modernistischen Phase. Seine Phantasie in der Kreation immer neuer Blumenornamente, ob gemalt, wie auf der Decke des Foyers, oder in Stein, Stuck, Holz, Glas und Keramik, schien keine Grenzen zu kennen.

Domènechs Architektur erfuhr damals auch offizielle Anerkennung, und er erhielt für die Casa Lleó Morera, wie später auch für den Palau de la Música Catalana und das Hospital de la Santa Creu i de Sant Pau, Auszeichnungen der Stadt Barcelona.

Neben dem üppigen, kunstvoll gearbeiteten Dekor, der jedoch immer wohlgeordneten Mustern folgt, fällt die unkonventionelle Gliederung der Fassaden auf. Balkone und Erker in der Form von Kreissegmenten verschiedener Größe wechseln mit langgestreckten Brüstungen. Skulpturen des Bildhauers Eusebi Arnau schmücken Fensternischen und Balkone. Auf dem Dach betont eine mit Keramik belegte Steinkrone die Ecke des Hauses.

Bis 1943 war die Casa Lleó Morera in Familienbesitz. Nach dem Verkauf an eine Versicherungsgesellschaft wurde das Erdgeschoß durch einen Ladeneinbau völlig zerstört. Erst in den letzten Jahren gibt es Anstrengungen, das Haus nach Originalplänen zu restaurieren.

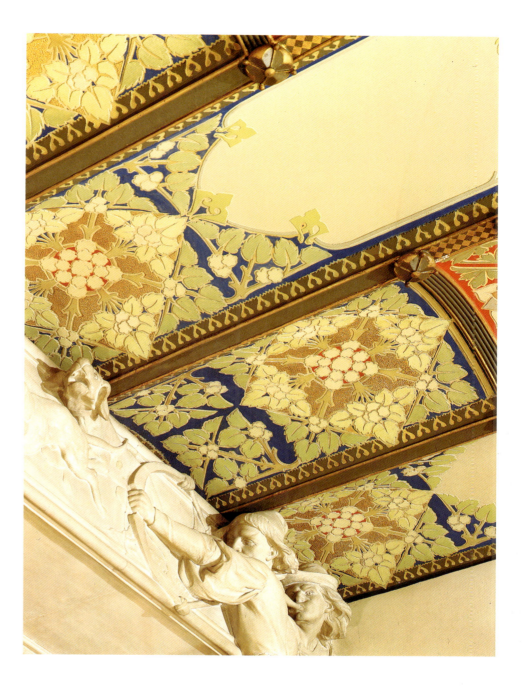

CASA LLEO MORERA
Details aus den Räumen der Beletage

Alle Innendekorationen wurden von Gaspar Homar ausgeführt, zusammen mit den Bildhauern Eusebi Arnau und Joan Carreras sowie dem Maler Josep Pey. Die Mosaiken stammen von Mario Maragliano und Lluís Bru Salelles, die Glasarbeiten von Joan Rigalt und Jeroni Granell, die Keramiken von Antoni Serra Fiter.

CASA LLEO MORERA

Glaswand zum Innenhof von Josep Pey; am Tisch die Stühle »Gaulino«, von Oskar Tusquets 1987 entworfen

Heute residiert im dekorativen Ambiente der Casa Lleó Morera das städtische Fremdenverkehrsamt. Doch ein Besuch lohnt sich auch ohne konkretes Informationsbedürfnis, allein wegen der schier unerschöpflichen Vielfalt an Jugendstilornamenten.

CASA QUERALTO (links)

Josep Plantada i Artigas, 1906–1907
Rambla de Catalunya 88

CASA FUSTER

Lluís Domènech i Montaner, 1908–1910
Passeig de Gràcia 132

Die Casa Fuster ist das letzte Werk Domènechs und stellt die Synthese seines Schaffens dar. Wie in den Häusern zuvor greift er auch hier regionale und internationale Stilmittel auf.

PALAU DE LA MUSICA CATALANA

Lluís Domènech i Montaner, 1905–1908;
Tusquets, Díaz & Associates, 1982–1989
Carrer de Sant Pere més alt 11

PALAU DE LA MUSICA CATALANA
Ansichten der Erweiterung; Mosaik

1904 sollte der von Lluís Millet und Amadeu Vives gegründete Gesangsverein »Orfeó Català« ein eigenes Auditorium erhalten. Das dafür ausgewählte Grundstück, eine kleine, ungleichmäßige Fläche, liegt recht versteckt an zwei engen Altstadtstraßen in der Nähe der Via Laietana.

Prachtvoll und üppig geschmückt präsentieren sich die Straßenfronten des Palau zu beiden Seiten der wuchtig ausgearbeiteten Gebäudeecke mit einer Allegorie des »Katalanischen Volksliedes« von Miquel Blay, dem herausragenden Bildhauer des Modernisme. Büsten von Bach, Beethoven, Wagner und Palestrina thronen hoch oben auf den der Fassade vorgelagerten Säulen, die im unteren Teil, auf der Höhe der Balustrade im ersten Stock, mit bunten Mosaiken verkleidet wurden.

Foyer, Zuschauerraum und Bühne sind in Folge angelegt. Eine nach innen gewölbte Kuppel aus buntem Glas in der Mitte des Auditoriums spendet dem Raum facettenreiches Licht. Die Motive des Fassadendekors wurden bei der Innengestaltung wieder aufgenommen und noch verstärkt: Blüten und Ranken in immer neuen Varianten überziehen Decken und Wände, Fenster und Säulen, ergänzt durch symbolbeladene Skulpturen.

In den achtziger Jahren wurde der Palau de la Música von Oscar Tusquets und Carlos Díaz sehr gelungen restauriert, umgebaut und erweitert. Die Grundidee dabei war die Verkleinerung des Kirchenschiffs der benachbarten Iglesia de Sant Francesc de Paula, von E. P. Cendoya 1940 entworfen, die aus Geldmangel bis dahin nicht vollständig fertiggestellt werden konnte. Die dadurch gewonnene Fläche wurde zu einem kleinen Platz mit einem neuen Zugang zum Palau umgestaltet: Vor die rückwärtige Fassade des Altbaus wurde eine Glaswand gestellt und das Foyer damit erweitert; für Büro- und Nebenräume, die bisher dort untergebracht waren, entstand daran anschließend der Erweiterungsbau mit seinem markanten Rundturm.

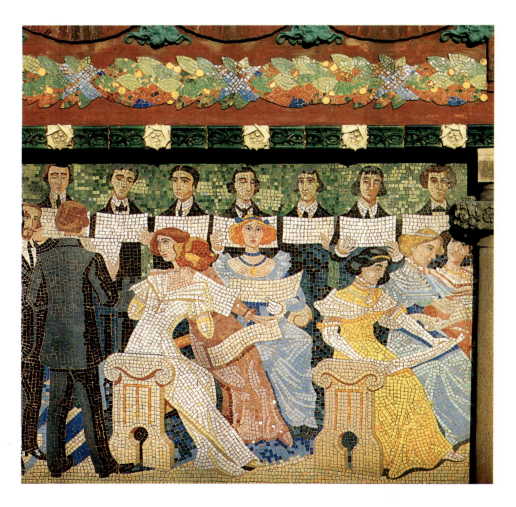

PALAU DE LA MUSICA CATALANA
Säulen an der Fassade zur Carrer de Sant Pere més alt; Rundturm der Erweiterung an der Carrer Sant Francesc de Paula

In den beiden oberen Geschossen des Rundturms am Erweiterungsbau ist nun die Bibliothek des Palau de la Música untergebracht; darüber wurde die neue Klimaanlage des Gebäudes installiert. Der Aufsatz aus Glas und Stahl vermittelt gekonnt zur floralen Ornamentierung von Lluís Domènech.

137

PALAU DE LA MUSICA CATALANA

Foyer von Lluís Domènech i Montaner; neuer
Zugang zum Palau und Erweiterung des Foyers
von Tusquets, Díaz & Associates

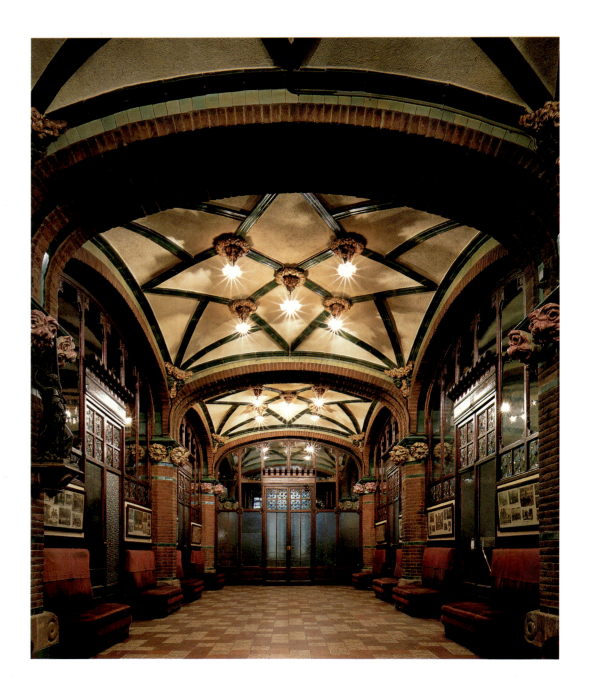

PALAU DE LA MUSICA CATALANA
Decke des Auditoriums; Grundriß

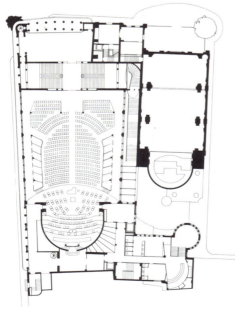

CASA DAMIANS

Eduard Ferrés i Puig, Lluís Homs i Moncusi,
Agustí Mas, 1913–1915
Carrer de Pelai 54

CASA TOSQUELLA

Eduard Maria Balcells i Buigas, 1906
Carrer de Vallirana 93

LA ROTONDA
Adolf Ruiz i Casamitjana, 1906
Passeig de Sant Gervasi 51

CASA CABOT
Josep Vilaseca i Casanovas, 1901–1904
Roger de Llúria 8–14

Viermal Jugendstil ganz unterschiedlicher Ausformung: angefangen vom Fassadenabschluß der Casa Cabot, einem ansonsten eher unauffälligen Mietshaus; über den verspielten Dachaufbau der »Rotonda«, einem ehemaligen Grandhotel, und der arabisch inspirierten Casa Tosquella, heute eine überwachsene, verwunschene Ruine; bis hin zur Casa Damians, die an Bauten der Sezession erinnert.

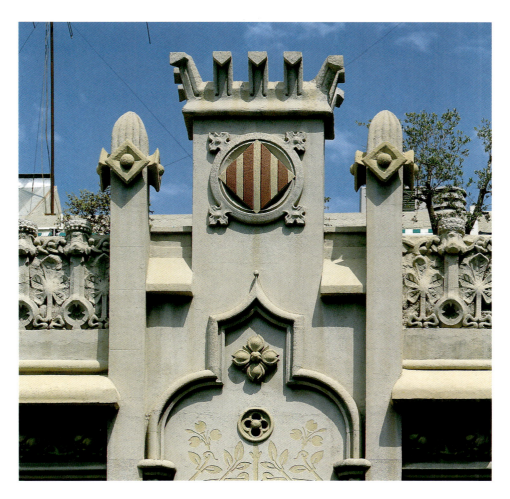

CASA MILA

Antoni Gaudí i Cornet, 1905–1910
Passeig de Gràcia 92

»La Pedrera«, Steinbruch, wie die Casa Milà auch genannt wird, markiert zweifellos das überschwenglichste Extrem, das sich in das homogene Raster des Eixample gerade noch integrieren ließ. Gaudí nutzte die Ecklage, um eine in der Architekturgeschichte einmalige Fassade zu entwerfen, der keine vergleichbaren Lösungen folgen sollten. In deutlicher Anspielung auf barocke Kompositionsregeln gehen die architektonischen Elemente nahtlos ineinander über und bilden eine einzigartige Einheit aus amorphen und dynamischen Formen. Mauern, Säulen, Balkone, Fenster – alle architektonischen Elemente – bilden ein Ganzes aus Stein, das nur von den schmiedeeisernen, von Josep Maria Jujol gestalteten Geländern der Balkone kontrastiert wird.

Die Familie Milà, die Eigentümerin des Gebäudes, war zunächst mit der Idee Gaudís einverstanden, an der Ecke ein riesiges Muttergottesbildnis anzubringen, wie es seinen Überzeugungen und seinem Geschmack entsprach. Aber bei Vollendung des Werkes nahm man möglicherweise aus Angst vor den antiklerikalen Strömungen, die sich in der zweiten Hälfte des 19. Jahrhunderts zu organisieren begannen, Abstand von diesem Vorhaben, sehr zum Unbehagen des Meisters.

CASA MILA
Innenhof; Grundriß

Gaudí zeigte sich jedoch nicht nur in der Gestaltung der Fassade innovativ, er entwarf auch einen eigenwilligen Grundriß. Die typischen quadratischen Innenhöfe wichen zwei großzügigen unregelmäßig geformten Höfen. Im Inneren jeder Wohnung erschließt sich ein organisch-harmonisches Kontinuum, wobei die gesamte Konstruktion auf Säulen ruht. Den Abschluß des Hauses bildet eine begehbare Dachlandschaft mit Schornsteinen und Ventilationskaminen in der Form anthropomorpher Skulpturen.

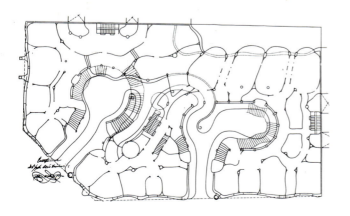

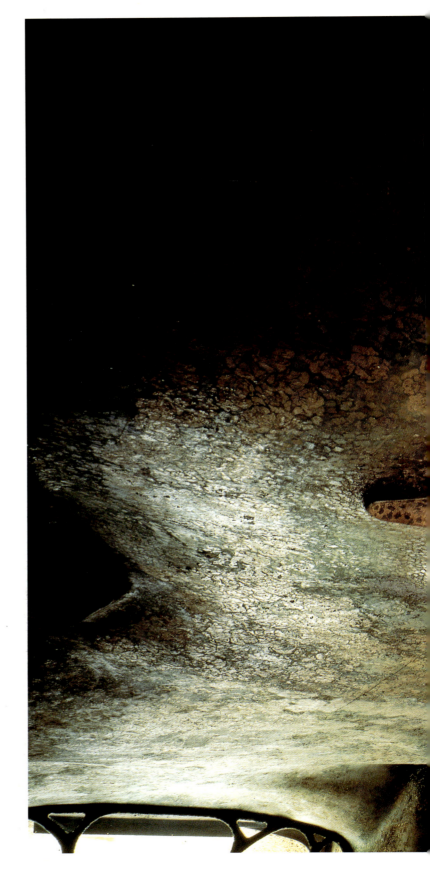

CASA MILA
Salon der Familie Milà um 1917 und ein
Appartement in der Casa Milà heute

Vom futuristischen Charakter der Architektur dieses Hauses sichtlich unbeeindruckt, folgte die Familie Milà bei der Einrichtung ihrer Wohnung eher den Vorstellungen von bürgerlichem Komfort aus dem späten 19. Jahrhundert: schwere Teppiche, kunstvoll arrangiertes Mobiliar, die obligatorische Palme, dekorative Kunst auf Tischchen, Säulen und Konsolen und mit der Kopie der Nike von Samothrake auch etwas klassische Weihe.

Vom horror vacui unbelastet erscheint dagegen die heutige Einrichtung eines Appartements in der Casa Milà: ein auf wenige Möbel und Kunstobjekte reduziertes Ambiente mit einem Eßtisch, Modell »Pedrera«, mit Stühlen, die nach dem Besitzer der Wohnung »Fernando« getauft und von Carlos Riart entworfen wurden, und einem zierlichen Beistelltisch von Lluís Clotet. Die Lampe von Philippe Starck macht ihrem Namen »Und plötzlich bebte die Erde« alle Ehre und fällt bei Erschütterungen um.

CASA MILA

Dachausbau von Francesc Joan Barba i Corsini, 1955

Mitte der fünfziger Jahre wurden die Speicherräume der Casa Milà zu 14 Appartements ausgebaut. Ihre Originalität gewinnen sie vornehmlich aus den hohen Gewölben. Gaudís Gestaltung des Dachstuhls mit rhythmisch geordneten, fächerartigen Mauerbögen konnte Corsini noch betonen, indem er sie, strahlend weiß verputzt, hervorholte. Die Einheiten sind individuell verschieden und einige zu Maisonettewohnungen ausgebaut. Kaum ein Raum besitzt einen rechten Winkel. Die Außenwände sind teils unverputzt belassen, die neu eingezogenen geschwungenen Innenwände meist in Ziegelsichtmauerwerk ausgeführt.

PARC GÜELL

Antoni Gaudí i Cornet, 1900–1914
Carrer d'Olot

Auf dem Gelände des heutigen Parc Güell, sicherlich das innovativste Werk Gaudís, war ursprünglich eine großzügige Siedlung geplant. Sechzig Parzellen waren am Berghang vorgesehen, die einen ausgezeichneten Blick auf die Stadt boten. Doch das von Eusebi Güell i Bacigalupi initiierte Projekt scheiterte, und so entstand auf dem damals öden, hügeligen Baugrund schließlich nur der zugehörige Park, der 1922 von der Stadt übernommen wurde.

Wege folgen der Geländekontur oder sind höhlenartig in die Hänge gegraben. Das Erdreich wird dabei von schräg gestellten, grob gefügten Stützmauern und Säulen abgefangen, deren Neigung – wie auch bei anderen Bauten Gaudís – dem Kraftverlauf folgt.

Als Mittelpunkt und Forum der geplanten Siedlung wurde eine weite, ebene Terrasse angelegt. Ihre wie eine riesige Schlange geformte Brüstung ist zu Sitzbänken ausgeformt. Wetterschutz und Ornament zugleich bilden die Mosaiken aus Kachelbruch und Glasstücken, an deren Ausarbeitung auch Josep Maria Jujol entscheidend beteiligt war. Getragen wird diese Terrasse von dorischen Säulen, die einen aus der Erde ragenden, tellurischen Säulensaal bilden. Am unteren Treppenaufgang bestimmt ein Drache aus Keramik das Bild des Haupteingangs.

Die gesamte Anlage lebt von einer unbändigen und unerschöpflichen formalen, symbolischen und plastischen Kraft und einer unnachahmlichen Synthese von Natur und Architektur. 1984 wurde der Parc Güell – zusammen mit der Casa Milà und dem Palau Güell – von der UNESCO in die Liste der weltweit schützenswerten Kulturgüter aufgenommen.

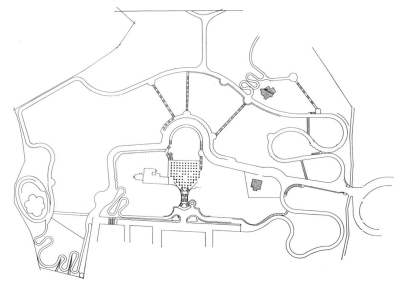

PARC GÜELL
Details der Bänke; Detail der Säulenhalle

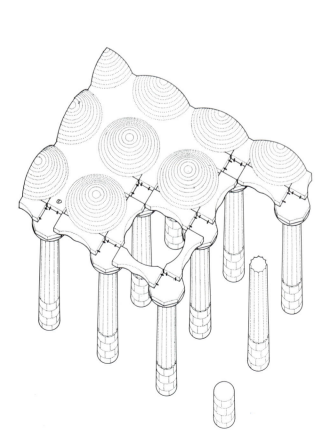

154

CASA COMALAT

Salvador Valeri i Pupurull, 1906–1911
Avinguda Diagonal 442

Ein Haus mit zwei ganz unterschiedlichen Gesichtern: Die Hauptfassade wird von verspielten Rokoko-Motiven bestimmt, die rückwärtige Fassade zur Carrer de Còrsega ist mit bauchigen Vorbauten und Keramikornament überzogen.

VIA LAIETANA

1889 beschloß das Ajuntament von Barcelona einen bereits zehn Jahre früher erarbeiteten Stadtplanungsentwurf von Angel Josep Baixeras, der unter anderem eine schnelle Straßenverbindung zwischen dem Eixample und dem Hafen vorsah. Im Pla Baixeras als Grand Via A bezeichnet, wurde diese Verbindung 1907 als Via Laietana eröffnet. Der Preis für diesen Eingriff war allerdings hoch: Teile der Altstadt wurden damit zerstört, um repräsentativen Verwaltungsgebäuden Platz zu machen.

CAIXA DE PENSIONS
Enric Sagnier i Villavecchia, 1917–1918
Via Laietana 56–58, Carrer de les Jonqueres 2

Enric Sagnier, von dem auch La Duana Nova, das 1895 fertiggestellte neue Zollgebäude am Passeig de Colom, und der wuchtige, zwischen 1887 und 1908 errichtete Komplex des Palau de Justícia am Passeig de Lluís Companys stammt, baute an der Via Laietana und der Einmündung der Carrer de les Jonqueres zwei Verwaltungsgebäude für die Caixa de Pensions. Es sind späte Arbeiten im modernistischen Stil, der zu dieser Zeit seinen Höhepunkt längst überschritten hatte.

PLAÇA DE TOROS »MONUMENTAL«

Ignasi Mas i Morell, 1913–1915
Gran Via de les Corts Catalanes 749

PLAÇA DE TOROS DE »LES ARENES«

August Font i Carreras, 1899–1900
Gran Via de les Corts Catalanes 387

Die Entwürfe beider Stierkampfarenen beziehen sich auf Elemente der islamischen Baukunst, die Ende des 19. Jahrhunderts in Barcelona gerne zitiert wurde. In der Arena »Monumental« ist heute das Museu Taurí untergebracht.

FARMACIA PALOMAS

Fèlix Cardellach, 1907
Ronda de Sant Pere 40

PLA DE LA BOQUERIA

La Rambla

FARMACIA PADRELL (links)
Carrer de Sant Pere més baix 52

BAR MUY BUENAS (rechts)
Carrer del Carme 63

Welche Popularität der Modernisme nach der Jahrhundertwende in Barcelona erreicht hatte, läßt sich nicht zuletzt an vielen Läden entlang der Rambles, in den engen Gassen der Altstadt oder im Herzen des Eixample ablesen. Zu den besterhaltenen gehören Apotheken mit aufwendigen Verglasungen und Mosaiken, reichen floralen Schnitzereien und phantasievollen Kunstschmiedearbeiten. Aber auch Läden des täglichen Bedarfs, wie Bäckereien, warben mit bunten Fayencefliesen, marmorbelegten Theken und geätzten Spiegeln um eine wohlhabende Klientel.

CASA FIGUERAS (rechts)

Antoní Ros i Güell, 1902
La Rambla 83

KIOSK

Rambla de Canaletes

FARMACIA PALOMAS
Félix Cardellach, 1907
Ronda de Sant Pere 40

FARMACIA PUIGORIOL

Marià Pau, Francesc Torres, 1914
Carrer de Mallorca 312

FARMACIA ARUMI

La Rambla 121

FARMACIA DEL CARMEN

Riera Alta, Carrer del Carme

FARMACIA VILARDELL

Gran Via de les Corts Catalanes 650

CASA TEIXIDOR
M. J. Raspall, 1909
Ronda de Sant Pere 16

FORN SARRET
Carrer de Girona 73

WOLF'S (rechts)
Carrer de Ferran 7

IV

NOUCENTISME UND RATIONALISMUS

BENEDIKTINERKLOSTER

Nicolau Maria Rubió i Tudurí, 1922–1936;
Raimon Duran i Reynals, um 1940
Carretera d'Esplugues 101

Ein Gebäude, scheinbar aus der Toskana, das sich ganz eindeutig auf den genialen Florentiner Architekten Filippo Brunelleschi, einen Meister der Frührenaissance, bezieht. Nicolau Maria Rubió erfüllte damit den Wunsch seiner Auftraggeber nach einem neuen Kloster, was nicht einfach war, denn das waren zwei: einmal die Benediktinermönche von Montserrat, die an die Anfänge ihres Ordens erinnern wollten, und die liegen im 6. Jahrhundert; zum anderen hatte Rubió den Vorstellungen des Geldgebers Nicolau d'Olzina gerecht zu werden, der eine Architektur im Stil der Renaissance wünschte wie – so Rubió – damals die Mehrheit der katalanischen Bourgeoisie. »Um beide Seiten zufriedenzustellen, begann ich also mit einer griechisch-römischen Tuskischen Ordnung und ging dann zu Brunelleschi über... Indem ich die Gewölbestruktur des Kirchenschiffs an der Fassade deutlich zum Ausdruck brachte, folgte ich den architektonischen Idealen zu Zeiten Bramantes.« Vorsichtige Anspielungen auf Michelangelos Formensprache – und damit auf die Überwindung der Renaissance – führte Rubió schließlich mit der Gestaltung der Kreuzgänge ein, die die Kirche flankieren.

172

SCHULKOMPLEX »RAMON LLULL«

Josep Goday i Casals, 1918–1923
Avinguda Diagonal 269–275

174

Der Entwicklungsprozeß vom Modernisme zum sogenannten Noucentisme in den ersten Jahren nach der Jahrhundertwende bedeutete keinen Bruch. Puig i Cadafalch sowie einige seiner Zeitgenossen brachten in ihren Arbeiten architektonische Lösungen zum Ausdruck, die die mittelalterlichen Einflüsse abmilderten und den klassizistischen Methoden und Elementen wieder Geltung verlieh. Während sich der Modernisme einer im Mittelalterlichen wurzelnden Identität verschrieb, ging der Noucentisme davon aus, daß das katalanische Selbstverständnis im nüchternen und ausgewogenen Klassizismus sowie im mediterranen Charakter beheimatet sei. Stand bei Gaudí das Mediterrane symbolhaft für die organischen und erdhaften Formen, versinnbildlichte es bei den Anhängern des Noucentisme das Maß, die reinen Volumetrien und die Klassizität. Während dem Modernisme das Ideal des künstlerischen Rebellen und Individualisten vorschwebte, förderte der Noucentisme das Bild des Künstlers innerhalb der Gesellschaft, die durch Kunst, Kultur und Lehre veredelt werden sollte. Aufsehenerregende Villen und öffentliche Bauvorhaben wurden nach und nach durch die Gestaltung von Parks, Bibliotheken und Schulen abgelöst. Die Mancomunitat de Catalunya, eine zwischen 1913 und 1925 tätige, relativ selbständige Arbeitsgemeinschaft der katalanischen Provinzialbehörden, förderte diese Vorhaben als Bestandteil einer urbanen, didaktischen und bürgernahen Planung.[25]

Diese Architektur, die in Katalonien zum Protorationalismus, Mediterranismus und Neobrunelleschianismus tendierte, entsprach architektonischen Entwicklungen in anderen europäischen Ländern. Man denke nur an das Werk von Tony Garnier und Leon Jaussely in Frankreich, Heinrich Tessenow in Deutschland oder die Novecentismo-Bewegung in Mailand.

Einer der bedeutendsten Architekten des Noucentisme in Barcelona war Josep Goday, der die Schulkomplexe Ramon Llull (1918–1923) und Collasso i Gil (1932) baute. Zu dieser Gruppe gehörte auch Adolf Florensa mit seinen repräsentativen Gebäuden an der Via Laietana.[26]

In diesen Jahren plante Puig i Cadafalch auch die Ausstellungspaläste Alfons XIII. und Victoria Eugenia für die Weltausstellung 1929. Tatsächlich war diese bereits 1913 für die Elektroindustrie projektierte Ausstellung in weiten Bereichen ein Beweis für die unterschiedlichen Wege, die der Noucentisme beschritt. Er stand Seite an Seite mit einer monumentalistischen Architektur, die auf den Fortbestand eines starken spätakademischen Einflusses gründet. Das zeigt sich ganz deutlich am Beispiel des von Pedro Cendoya und Enric Catà entworfenen Palau Nacional.

Eine besonders augenfällige Ausnahme auf dieser Ausstellung war der Pavillon des Deutschen Reiches, eine Arbeit des Architekten Ludwig Mies van der Rohe; ein Manifest, das sowohl den internationalen Fortschritt als auch den Beginn der modernen Architektur in Katalonien symbolisierte. Lediglich als temporärer Ausstellungs-

POBLE ESPANYOL

Francesc Folguera, Ramon Reventós, Xavier Nogués, Miquel Utrillo, 1926–1929
Parc de Montjuïc, Avinguda del Marquès de Comillas

Die Idee war einfach und bestechend. Aus Anlaß der Weltausstellung 1929 sollten am Montjuïc repräsentative Beispiele spanischer Architektur aus verschiedenen Jahrhunderten und Regionen nachgebaut werden. Zu diesem Zweck reisten die Architekten Folguera und Reventós zusammen mit dem Maler Nogués und dem Kritiker Utrillo durchs Land, um dafür geeignete Vorbilder auszusuchen.

So entstanden in diesem »Spanischen Dorf« neben mittelalterlichen Bauten aus Asturien typisch andalusische Patios, neben mudejaren Sakralbauten kastilische Adelspalais – und natürlich durfte auch der wichtigste gesellschaftliche Treffpunkt, die Plaça Major, nicht fehlen. Die Strenge, mit der die Planer ans Werk gingen, konnte dabei verhindern, daß man in eine folkloristische Darstellung abglitt.

Das Dorf blieb auch nach der Ausstellung bestehen und entwickelte sich zur belebten touristischen Attraktion. Nachtschwärmer werden heute von den Eingangstürmen des Poble Espanyol, einer Nachbildung der Torres de Avila, angezogen, die Alfredo Arribas, Miguel Morte und Javier Mariscal Ende der achtziger Jahre in ein phantastisches Bar-Ambiente umfunktionierten.

VERKEHRSVERBINDUNGSPLAN

Leon Jaussely, 1917

Jaussely gewann mit seinem Beitrag, der unter dem Titel »Romulus« vorgestellt wurde, den zwischen 1903 und 1904 ausgeschriebenen Wettbewerb zur Anbindung Barcelonas an die angrenzenden Orte. Das Projekt wurde nie in die Tat umgesetzt, war aber prägend für die weitere Formgebung der Stadt. Der Entwurf lief der Cerdàschen Planung völlig entgegen, befand sich aber in absolutem Einklang mit dem Bestreben nach Rationalität der Modernisten und der Monumentalitätssehnsucht der Noucentisten. Cerdàs abstrakter und utopischer Idee eines homogenen und immer gleichen Netzgewebes stellte Jaussely eine Stadt entgegen, die die realen Machtstrukturen, Widersprüche und die Vielfalt in der kapitalistischen Gesellschaft zu Anfang des 20. Jahrhunderts widerspiegeln sollte. Die Cerdàsche Anlage ging in ein neues Geflecht über – mit radial angelegten Plätzen, diagonal verlaufenden Straßen, Boulevards, exponierten Gebäudeensembles und einer komplexen konzentrischen Anlage aus Ringstraßen mit Gartenstadtsiedlungen.

CASAL SANT JORDI

Francesc Folguera i Grassi, 1929–1931
Carrer de Casp 24–26

Das Gebäude gilt als mustergültiger Eingriff in das Stadtbild, der die Hinwendung vom Historismus Anfang des Jahrhunderts zu rationalistischen und avantgardistischen Idealen in Barcelona dokumentiert. Folguera hatte verschiedene Varianten für die Fassade ausgearbeitet, entschied sich aber schließlich für eine protorationalistische Lösung. Außerdem steht dieses Beispiel für einen der ersten Versuche, Hochhäuser in Barcelona zu errichten. Das Gebäude überragt nicht nur die angrenzenden Häuser, in den oberen Etagen befindet sich auch eine Reihe nach Süden ausgerichteter Terrassen, Arkaden, Teiche und Galerien, die von der Straße aus nicht eingesehen werden können. In den ersten drei Etagen über dem Sockelgeschoß waren Büroräume und in den vier oberen Wohnungen untergebracht. Die Geldgeber, die Familie Espona, hatte ihren Wohnsitz im Dachgeschoß. Durch eine Renovierung, die 1988 durchgeführt wurde, konnte einer der attraktivsten Bereiche zu neuer Geltung gebracht werden: der große dreieckige Hof mit Glasbausteinen, der dem Inneren des Gebäudes mehr Leben gibt.

bau geplant, wurde dieser sogenannte Barcelona-Pavillon schon nach wenigen Monaten wieder demontiert. 1985 entstand am selben Ort schließlich eine exakte Nachbildung.

Das Ausstellungsgelände versinnbildlichte auch die regionalistischen Strömungen, die das Spanien der Jahre von 1910 bis 1930 bestimmten. Das von Miquel Utrillo, Francesc Folguera, Ramon Reventós und Xavier Nogués gestaltete Poble Espanyol ist ein Beispiel dafür: eine glaubwürdige und intelligente Nachbildung typischer spanischer Baustile aus Andalusien, dem Baskenland und Galizien. Den Erbauern gelang es, ein ebenso lebendiges wie authentisches städtisches Ambiente mit Straßen und Plätzen zu schaffen.[27] In diesen Jahren vermischten sich die Baustile, und dieselben Architekten waren in der Lage, sich von Fall zu Fall dem Spätmodernisme, Regionalismus, Noucentisme, Art Deco oder dem Protorationalismus zuzuwenden. So führte Rubió i Bellvé, ein ehemaliger Schüler Gaudís, an der Universidad Industrial Arbeiten aus, die die Züge des Noucentisme tragen. Antoni Puig i Gairalt schuf mit der Myrurgia-Fabrik (1928–1930) einen Bau, der stilistisch zwischen Noucentisme, Art Deco und Rationalismus angesiedelt ist. Francesc Folguera entwarf damals das Casal Sant Jordi (1929–1931) an einer der wichtigsten Ecken des Eixample. Der einzigartige Charakter und seine Höhe machen es zum ersten Gebäude, das in mancherlei Hinsicht an einen Wolkenkratzer erinnert.

Das reinste Beispiel des Neobrunelleschianismus ist wahrscheinlich das von Raimon Duran i Reynals und Nicolau Maria Rubió i Tudurí entworfene Benediktinerkloster im Stadtviertel Pedralbes. Rubió i Tudurí gehörte zu den vielseitigsten katalonischen Architekten. Er war ein Schüler von Jean C. N. Forestier und baute mit ihm zusammen eine Reihe von Parkanlagen, bis er sich später seinen eigenen Projekten zuwandte und dabei eine neue Theorie über die Anlage mediterraner Gärten formulierte, die in seinem Buch »El jardin meridional. Estudio de su trazado y plantación« (1934) beschrieben ist. Mit seinen Gärten vermochte Rubió i Tudurí der Stadtlandschaft Barcelonas sowie einigen Küstenlandstrichen Kataloniens ein unverwechselbares Gepräge zu geben, das damals beispiellos war und erst wieder in den achtziger Jahren durch den neuen, demokratischen Städtebau weitergeführt werden sollte. Er selbst jedoch geriet unverdienterweise in Vergessenheit.[28]

Die deutlichen Spuren, die der Noucentisme in den Jahren nach der Jahrhundertwende in Barcelona hinterließ, blieben bis in unsere Zeit erhalten. Diesem Erbe verdankt Barcelona die Verwandtschaft mit einer Stadt wie Mailand, deren Architektur vom Novecentismo geprägt wurde.

In das Wachstum Barcelonas wurden auch die ländlichen Zentren der näheren Umgebung – Gràcia, Sarrià, Les Corts, Sant Andreu, Sant Gervasi, um nur einige zu nennen – einbezogen. Um diese Eingemeindungen an die Stadt anzubinden,

181

schrieb die Stadtverwaltung 1903 einen Wettbewerb aus, den schließlich der französische Architekt Leon Jaussely gewann. Zwar wurde sein Plan nicht in die Tat umgesetzt, er übte jedoch großen Einfluß aus. Das zeigt sich nicht zuletzt an den Umgehungsstraßen der Stadt, deren ringförmige Anlage den Vorstellungen Jausselys sehr nahekommt.

Parallel dazu wurde 1907 die nach dem Plan de Reforma de Barcelona von Angel Baixeras konzipierte Via Laietana für den Verkehr freigegeben. Sie war damals die einzige direkte Straßenverbindung zwischen dem Eixample und dem Hafen. Der noucentistische Stil und in geringerem Maße auch die Chicagoer Schule bestimmten die hohen Gebäude auf beiden Seiten der Straße. Der Preis für die Errichtung dieser Verkehrsachse mit ihren hohen Fassadenwänden war allerdings hoch: Ein Teil der Altstadt wurde zerstört und eine Trennungslinie gezogen, hinter der der Niedergang Einzug hielt.

Ende der zwanziger Jahre fand die katalanische Architektur Anschluß an die kompromißlose Avantgarde Europas: Die Kluft zwischen den Entwicklungen in Barcelona und den neuesten Trends in den Metropolen, wie Paris, Frankfurt oder Wien, wurde schmaler. Immer stärker setzte sich das Bewußtsein durch, daß die traditionelle katalanische Architektur gewaltiger Anstöße der Moderne bedurfte, um den erschöpften akademischen Stil und den bühnenbildhaften Städtebau der Jahrhundertwende zu überwinden. Von allen großen Architekten wurde Le Corbusier am meisten bewundert. Er besuchte Barcelona und wirkte bei der Ausarbeitung eines Plans zur städtebaulichen Modernisierung mit. Dieser sogenannte Pla Macià (1933), der während der Zweiten Spanischen Republik entstand, war dem damaligen Präsidenten der Generalitat, Kataloniens Regionalregierung, gewidmet. Der Gedanke, der hinter diesem Plan stand, war die neue Theorie des »Zoning«, die der Stadt auf der Grundlage der Anlage Cerdàs und Wohnblock-Arealen gigantischen Ausmaßes eine neue geometrische Ordnung geben sollte.[29]

Junge Architekten wie Josep Lluís Sert, Josep Torres i Clavé, Sixt Illescas, Germà Rodríguez Arias und andere fanden sich im GATCPAC (Grupo de Artistas y Técnicos Catalanes para el Progreso de la Arquitectura Contemporánea) zusammen, einer Gruppierung katalanischer Künstler und Techniker im Dienste des Fortschritts der zeitgenössischen Architektur. Diese Avantgarde-Vereinigung gab später den Anstoß zur Gründung der sogenannten GATEPAC auf nationalstaatlicher Ebene, die wiederum der CIAM angeschlossen war.

Diese Phase währte nicht lange, denn der Spanische Bürgerkrieg (1936–1939) setzte ihr ein jähes Ende. In den wenigen Jahren konnten einige, meist kleinere, Bauvorhaben durchgeführt werden, städtebauliche Fragmente sozusagen, die als allgemeingültige Modelle hätten wirksam werden können. Die wichtigsten Arbeiten aus dieser

Kabaretts hatten Hochkonjunktur in den dreißiger Jahren. Zu den beliebtesten gehörte »La Casita Blanca« in der Avinguda del Parallel.
Kühles Ambiente für heiße Nächte bot die »Bar Automatic Continental«, eine Arbeit des Architekten Manuel Casas Lamolla aus dem Jahr 1932.

Zeit sind die Casa Bloc in Sant Andreu (1932–1936), ein Komplex miteinander verbundener Wohnblocks von spartanischer Strenge, der an Anlagen von Le Corbusier erinnert; das Dispensari Antituberculós (1934–1938), eine Tuberkuloseklinik in der Altstadt sowie das Eckhaus in der Carrer Muntaner (1930–1931). Rodríguez Arias fügte zwei weitere Bauten in die Stadt ein: das Astoria-Gebäude (1933–1934) und das Gebäude an der Plaça Gala Placídia (1931).[31]

Das Barcelona des Modernisme sei noch eine Stadt des Großbürgertums gewesen, die Stadt des Noucentisme hingegen wachse durch den massiven Zuzug völlig ungehemmt und unkontrolliert, wie Eugeni d'Ors schrieb. Er wurde zum entschiedenen Verfechter einer bürgerlich-gebildeten Gesellschaft und setzte sich für eine gezielte Auswahl derer ein, die sich neu in der Stadt niederlassen durften. Hinter seiner unverblümten Forderung einer elitistischen Kultur stand letztlich die Sehnsucht nach einstiger Reinheit und mediterranem Charakter, die inzwischen längst Geschichte waren.

Wenige Jahre nur, zwischen 1930 und 1936, übernahm Barcelona von Grund auf die Eigenschaften und Gegensätze einer europäischen Großstadt des 20. Jahrhunderts, an denen tonangebende Architekten der europäischen Moderne – Le Corbusier, Ludwig Hilberseimer, Ernst May und andere – ihre Planungen orientierten. Im GATCPAC machte man sich Gedanken über eine Stadt der Massen, in der das Proletariat eine aktive Rolle spielt. Man dachte über Anlagen in der Umgebung Barcelonas nach, wie die Ciudad de reposo y vacaciones, eine Art Erholungs- und Ferienstadt, die den Freizeitaktivitäten der Volksmassen dienen sollte.

Die sozialen, wirtschaftlichen und städtebaulichen Konzepte aus den Jahren der Spanischen Republik knüpften an die fortschrittlichsten Konzepte aus der Zeit zwischen den beiden Weltkriegen an. Während jedoch im übrigen Europa die Verfechter dieser Ideen in einem harten Kampf gegen die Reaktion autoritärer und antisozialer Kräfte standen und diesen 1945 schließlich gewannen, siegte auf der Iberischen Halbinsel 1939 ein immer noch stark atavistisch, agrarisch und reaktionär geprägtes Spanien, das einer glorreichen imperialen Vergangenheit nachtrauerte, über die ersten Ansätze einer großstädtischen, progressiven und kosmopolitischen Kultur. Der Sprung nach vorn, den die Avantgarde vor Augen hatte, konnte nur von wenigen nachvollzogen werden. Nach dem Bürgerkrieg verfiel das Spanien Francos in die schlimmste Rückständigkeit. Während sich das Europa jenseits der Pyrenäen anschickte, erneut voranzuschreiten, trat Spanien auf der Stelle.

Demonstration vor dem Palau de la Generalitat: Die Katalanen manifestierten am 2. August 1931 einmal mehr ihren Willen zur Selbstbestimmung. In einem Plebiszit entschied sich die überragende Mehrheit für die Autonomie.
1934 rief die Generalitat in Barcelona die Unabhängigkeit Kataloniens aus. Doch die Zentralmacht in Madrid schlug zurück, zahlreiche Verfechter der Autonomie wurden verhaftet. Stolz präsentierte die Guardia Civil die beschlagnahmten Waffen nach dem Aufstand in der Nacht vom 6. auf den 7. Oktober 1934.

TORRE DE SANT SEBASTIA (links)
Carles Buïgas, Ramon Calzada, Josep R. Roda,
1926–1931
Moll Nou

METROPOLITANO

Folgende Doppelseite:
Eingangsbereiche und Fahrkartenschalter der »Gran Metro« 1924 (links oben, rechts unten); Station am Arc del Triomf der Linie »Metro Transversal« (links unten) und Station an der Plaça de Catalunya (rechts oben).

1926 plante Buïgas zusammen mit seinen Kollegen die Türme Jaume I und Sant Sebastià für eine Drahtseilbahn, die die Besucher der Weltausstellung von 1929 vom Hafen zum Montjuïc und vice versa befördern sollte. Doch die privaten Gelder flossen nur spärlich, und so konnte das Projekt erst 1931 – zu spät für die Exposició Universal – unter der Leitung von Roda realisiert werden.

In engem Zusammenhang mit den Planungen für die Weltausstellung begann man auch mit dem Bau einer Untergrundbahn. Der »Metro Transversal«, einer parallel zum Meer verlaufenden Linie, folgte später auf der Achse des Passeig de Gràcia die »Gran Metro«. Die Aufnahme von 1925 zeigt Vertreter der Stadt, die sich vor Ort über den Stand der Arbeiten an der Plaça de Catalunya informieren.

WELTAUSSTELLUNG 1929

Bereits 1907 gab es von seiten führender Wirtschaftsunternehmen Bestrebungen, in Barcelona erneut eine Weltausstellung auszurichten. Geplant war sie für 1914. Austragungsort sollte ein Areal am Montjuïc sein. Im Laufe der Vorbereitungen traten dann aber andere Überlegungen in den Vordergrund, und man plante nun eine Internationale Messe speziell für die Elektroindustrie, verbunden mit einer spanischen Kunst- und Kunsthandwerksausstellung für 1916. Doch das Vorhaben wurde ein ums andere Mal verschoben. Als dann 1921 Primo de Rivera seine Militärdiktatur in Madrid durchsetzte, kam es zu neuen einschneidenden Veränderungen. Josep Puig i Cadafalch, von dem der Generalplan für die l'Exposició d'Indústries Elèctriques stammte, wurde über Nacht zur Persona non grata erklärt. Rivera ordnete außerdem eine Themenerweiterung an: Die Weltausstellung sollte gleichermaßen die Bereiche Industrie und Sport wie die Spanische Kunst repräsentieren. Das endgültige Datum wurde auf den 19. Mai 1929 festgelegt.

Zwei freistehende Türme an der Plaça d'Espanya, die an italienische Campanile erinnern, bilden den Auftakt auf dem Weg zum Palau Nacional, dem Prunkbau der Weltausstellung von 1929. Attraktion der langen Verbindungsachse, der Avinguda Reina Maria Christina, ist der »Zauberbrunnen« von Carles Buïgas, ein synästhetisches Spiel aus Musik, Licht, Farbe und Wasser im Stil des Art Deco.

PALAU NACIONAL

Enric Catà i Catà, Pedro Cendoya Oscoz, Pere
Domènech Roura, 1925–1929; Gae Aulenti,
Enric Steegmann, 1985–1992
Plaça del Mirador

Axonometric drawing of the main elements of the project.

Der Palau Nacional wurde 1934 zum
Museu d'Art de Catalunya umfunktioniert
und seit Mitte der achtziger Jahre unter
Leitung der renommierten italienischen
Architektin Gae Aulenti gründlich renoviert. Raumbeherrschende, klar struktu-
rierte Einbauten, bestimmen – wie schon
beim Gare d'Orsay in Paris – ihre umfassende Neukonzeption des Museums.

PLAÇA DE L'UNIVERS

Jean Claude Nicolas Forestier, 1914–1922;
Pep Bonet, 1983–1985
Messegelände am Montjuïc

Die Plaça de l'Univers, die auf Planungen von Forestier zum Weltausstellungsgelände von 1929 zurückgeht, behielt ihren Art-Deco-Charme nicht lange. Vor allem, als in den sechziger Jahren für die Raumfigur des Platzes wesentliche Gebäude abgerissen und durch Neubauten, die anderen Kriterien folgten, ersetzt wurden, verkam die Anlage.
Die Neugestaltung durch Bonet basiert im wesentlichen auf zwei Elementen: dem Bau neuer, seriell aneinandergereihter Ausstellungshallen und der einheitlichen Schließung der Platzfronten durch ergänzte Fassadenflächen. Lichtkuppeln über den Zugängen erinnern an die ursprüngliche Gestaltung im Stil des Art Deco. In der Mitte des Platzes ragt die 1914 von Josep Llimona gestaltete Skulptur »El Forjador«, »Der Schmied«, auf, die während der Weltausstellung vor dem Eingang des städtischen Pavillons stand.

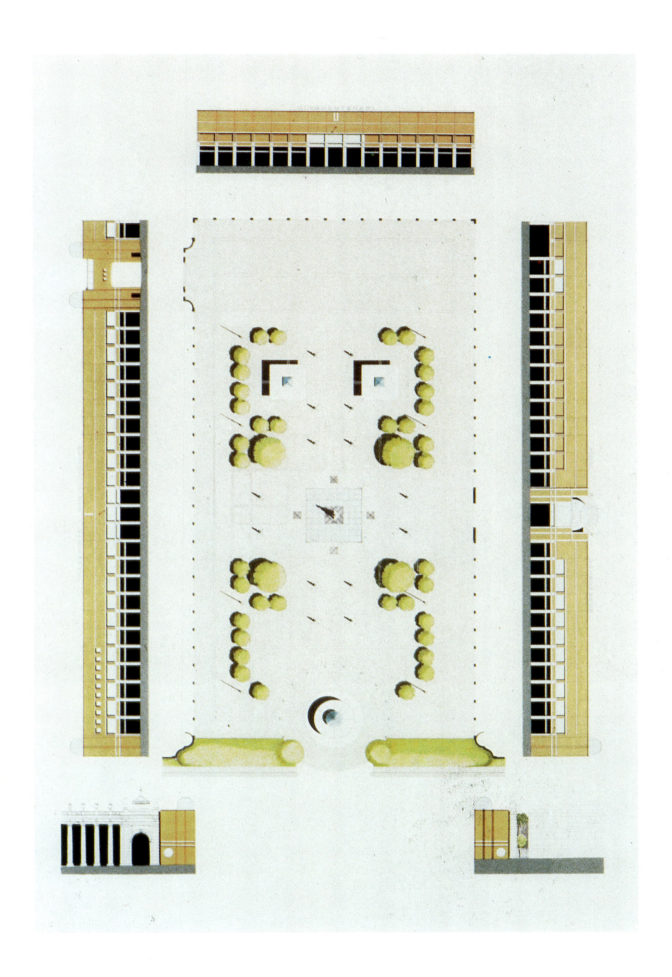

PALAU DE LES ARTS GRAFIQUES
Pelagi Martinez i Paricio, 1927–1929; José Llinàs 1984–1989
Carrer de Lleida

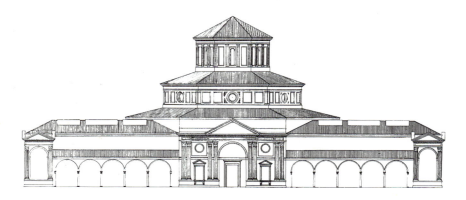

Viele der Ausstellungspavillons von 1929 blieben, obwohl nur für eine temporäre Nutzung geplant, bis heute erhalten. In einigen wurden, wie auch schon in den Gebäuden der Weltausstellung von 1888, Museen untergebracht.

Das gilt auch für den ehemaligen Palast der graphischen Künste – eine noucentistische Arbeit von Pelagi Martinez, die die italienische Renaissance reinterpretiert –, der seit 1932 das Archäologische Museum beherbergt. Die Neugestaltung von José Llinàs mit ihren effektvollen Präsentationslösungen geht auf das ursprüngliche Raumkonzept zurück.

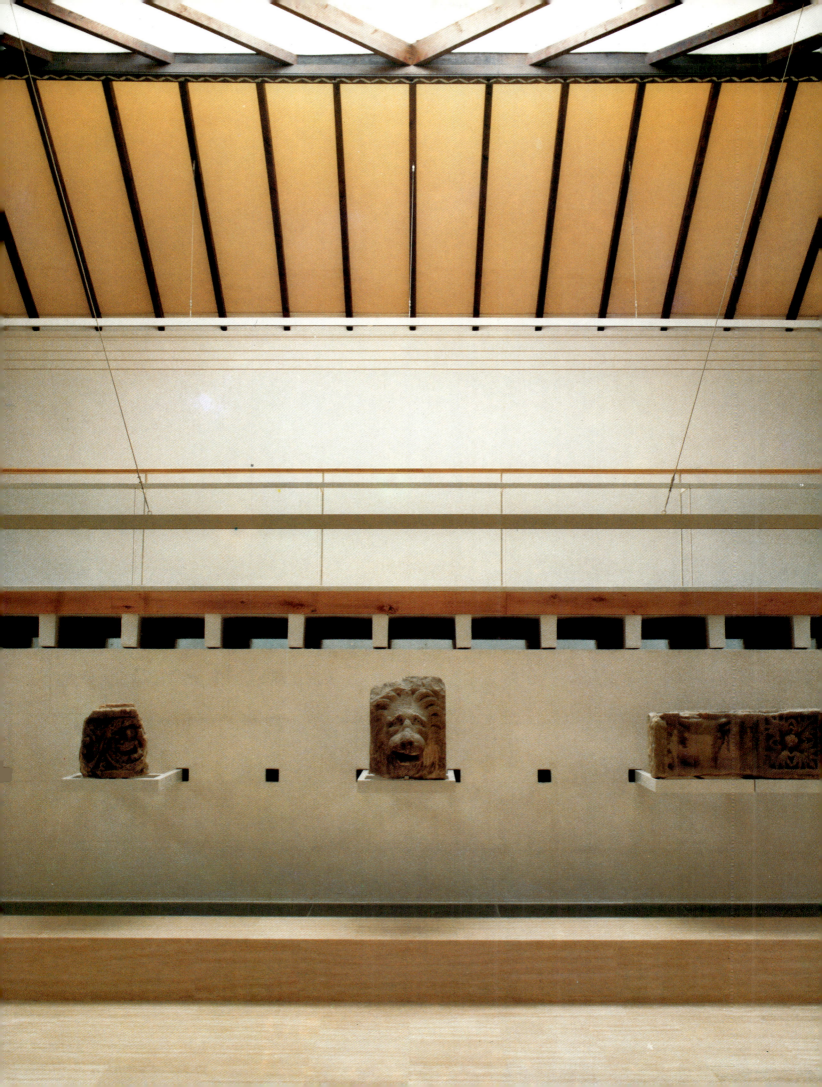

PAVILLON DES DEUTSCHEN REICHES

Ludwig Mies van der Rohe, 1929
Avinguda del Marquès de Comillas

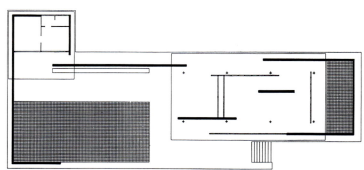

Der Pavillon von Ludwig Mies van der Rohe, Schauplatz der offiziellen Eröffnung der Weltausstellung 1929 in Barcelona durch das spanische Königspaar Alfons XIII. – links im Vordergrund – und Victoria Eugenia – im Hintergrund mit Mies van der Rohe –, war in seiner lichten, großzügigen Eleganz weit mehr als ein Repräsentationsbau. Dem langgestreckten, horizontal flach gedeckten Gebäude war eine breite Travertinterrasse mit flachem Bassin vorgelagert, die den Bau gelungen von der Straße absetzte. Wandscheiben aus kostbarem Marmor und metallgefaßte Glasscheiben in weißer, grauer und grüner Tönung gliederten das fließende Raumkontinuum, das durch geschickte Öffnungen nach außen sehr weitläufig wirkte. Die amerikanische Kritikerin Helen Appleton Read faßte ihren Bericht zur Weltausstellung damals so zusammen: »Unter den vertretenen Nationen machte nur Deutschland seinen modernen industriellen und kulturellen Status symbolisch deutlich . . . Der streng-elegante Pavillon Mies van der Rohes, eines Pioniers der modernen Architektur, ist ein Symbol für die Nachkriegskultur dieses Landes, eine überzeugende Darstellung der modernen Architekturästhetik . . . Er ist ein radikaler Rationalist, und seine Entwürfe sind von einer Leidenschaft für schöne Architektur bestimmt. Mies zählt zu den wenigen modernen Architekten, die ihre Theorie über sterile funktionelle Formeln hinaus in künstlerische Gestaltung umsetzen. Die Mittel, mit denen er den Eindruck eleganter Heiterkeit erzielt, sind seine Materialien und seine räumliche Konzeption.« Der Pavillon stand damals nur wenige Monate und wurde 1985 durch eine originalgetreue Rekonstruktion von Cristià Cirici, Ferran Ramos und Ignasi de Solà-Morales an derselben Stelle ersetzt.

FABRIK MYRURGIA

Antoni Puig i Gairalt, 1928–1930
Carrer de Mallorca 351

Antoni Puigs zweigeschossige Fabrik gewann gleich nach der Fertigstellung den Preis der Stadt Barcelona für das beste Bauwerk des Jahres. Die Fassaden des, durch zwei abgeschrägte Ecken, hexagonalen Gebäudes werden von den horizontal umlaufenden Fensterbändern der Fabrikräume dominiert. Dieser waagrechten Anlage bietet das Eingangsportal gewissermaßen die Stirn. Hinter den drei großen, kunstvoll verzierten Glastoren befindet sich das Vestibül. Der Besucher betritt hier ein elegantes Treppenhaus mit einigen Reminiszenzen an das Art Deco, zurückhaltend und repräsentativ zugleich. Bei dieser Parfümfabrik handelt es sich um eines der besten Beispiele rationalistischer Architektur in Katalonien, das den Modernisme, den Noucentisme und jeglichen Historismus endgültig hinter sich ließ und sich einer Architektur der geraden Linien und reinen Volumina verschrieb.

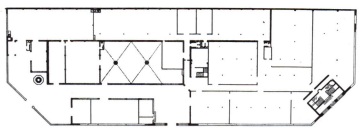

KLINIK BARRAQUER
Joaquim Lloret i Homs, 1934–1940
Carrer de Muntaner 314

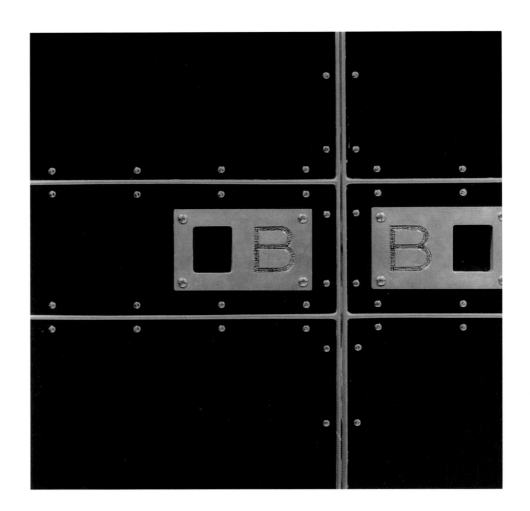

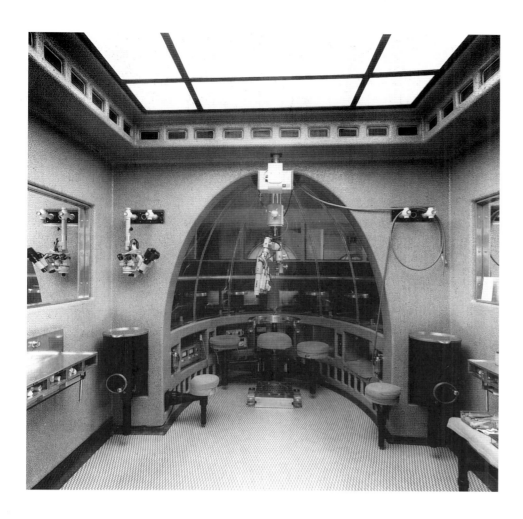

Die Klinik für Ophthalmologie des damals bekannten Augenarztes Dr. Barraquer an der Ecke Carrer de Muntaner/Carrer de Laforia gibt sich nach außen dynamisch-glatt und erinnert an Bauten von Erich Mendelsohn oder der Gebrüder Hans und Wassili Luckardt. Die Innengestaltung ist dagegen eine ganz eigene Mischung aus Sachlichkeit, mit Liebe zum Detail, und Versatzstücken aus dem Formenrepertoire des Art Deco: Türdetails (links oben, rechts unten), Rezeption (links unten), Operationsraum (rechts oben).

MEHRFAMILIENWOHNHAUS (links)

Josep Lluís Sert i López, 1930–1931
Carrer de Muntaner, 342–348

TUBERKULOSEKLINIK

Josep Lluís Sert i López, Josep Torres i Clavé,
Joan B. Subirana i Subirana, 1934–1938
Passatge de Sant Bernat 10

Das Mehrfamilienhaus in der Carrer de Muntaner ist die erste wichtige Arbeit von Lluís Sert, der zuvor ein Jahr mit Le Corbusier zusammengearbeitet hatte, und zählt zu den gelungensten Arbeiten des spanischen Rationalismus. Die Wohnungen sind jeweils über zwei Geschosse geführt; die Gebäudeecke wird durch vorgelagerte Elemente und kleine Balkone plastisch betont.

Die Tuberkuloseklinik entstand im Auftrag der katalanischen Landesregierung und gehört zu den wenigen Projekten, die die Architekten des GATCPAC realisieren konnten.

Der GATCPAC hatte praktisch keine Zeit, seine Pläne umzusetzen. Recht spät, 1930, gegründet, als sich die Avantgarde in vielen europäischen Ländern bereits fast etabliert hatte, fanden die Aktivitäten mit dem Ausbruch des Spanischen Bürgerkriegs 1936 ein jähes Ende: 1939 fiel Torres, zusammen mit Sert die treibende Kraft der Gruppe; Sert emigrierte über Paris in die USA, wo er an der Harvard University Dekan und Nachfolger von Walter Gropius wurde.

203

CASA BLOC
GATCPAC, 1932–1936
Passeig de Torras i Bages 91–105

Sinn und Zweck der Siedlung Casa Bloc war eigentlich die Schaffung von preiswerten, für Arbeiter erschwinglichen Wohnungen. Doch die Architektengruppe GATCPAC konnte die Anlage nie dieser Bestimmung übergeben. Mit dem Einzug von Francos Truppen in Barcelona gegen Ende des Bürgerkriegs wurden die Wohnungen für Polizeiangehörige konfisziert. Obwohl für Familien mit schmalem Einkommen geplant, bieten die Wohnungen keinen geringen Komfort. Alle Apartments sind zur Sonnenseite hin orientiert, die Zahl der Räume pro Einheit ist durch die Maisonettebauweise je nach Familiengröße variabel. Auf dem Nachbargrundstück befanden sich die Prototypen der Siedlung. Dort wie in der Casa Bloc sind wichtige Mosaiksteine jenes großen Vorhabens zu erkennen, das ein neues Barcelona konzipieren sollte und in dessen Anfangsphase auch Le Corbusier mitplante. Seine Theorie des sozialen Wohnungsbaus traf hier auf die engagierte Sozialpolitik des ersten katalanischen Präsidenten Macià.

VOM ENDE DES BÜRGERKRIEGS ZUR KONSUMGESELLSCHAFT

AVINGUDA DEL PARALLEL 1954

KINO FEMINA

Antoni de Moragas, 1951
Carrer de la Diputació 259–261

Das Kino Fémina, einer der ersten Film-
paläste Barcelonas, wurde in den Jahren
1949 und 1951 gründlich renoviert. Bei
den umfangreichen Umbauarbeiten schuf
man zwei völlig voneinander getrennte
Kinosäle mit einer gemeinsamen Lein-
wand. Zu den Logenplätzen gelangte man
nur über die Carrer de la Diputació, ins
Parkett nur über den Passeig de Gràcia.
Auffällig sind die wellenförmigen Holz-
wände der neugestalteten Außenfassade.

Das Ende des Bürgerkriegs führte zur Auflösung des GATCPAC. Josep Torres i Clavé
fiel an der Front, und die meisten Mitglieder gingen ins Exil nach Amerika. Einige
blieben in Barcelona und warteten ab, andere kehrten nach und nach zurück. Josep
Lluís Sert, der mit Le Corbusier zusammengearbeitet hatte, wurde zu einer der
Leitfiguren der modernen Bewegung. Als Präsident der Internationalen Kongresse
der modernen Architektur (1947–1956), kurz CIAM (Congrès Internationale d'Architecture Moderne), war er einer der bedeutendsten Verfechter der neuen, rationalistischen Prinzipien. Er ließ sich in Harvard nieder und schuf ein bemerkenswertes
architektonisches Werk in den Vereinigten Staaten. Jahre später kam er nach Barcelona zurück, und verhalf mit der Wohnanlage Les Escales Park in Pedralbes
(1973–1976) und der Joan-Miró-Stiftung im Parc de Montjuïc (1972–1974) der
Moderne zum Durchbruch.

Ein anderer junger Architekt, der nach Amerika emigrierte, Antoni Bonet i Castellana, sollte einer der wichtigsten Vorreiter der modernen Architektur in Argentinien
und Uruguay werden. Wie schon Sert vor ihm, verwirklichte er in den fünfziger
Jahren neue Projekte in Barcelona und der Umgebung – zum Beispiel die Casa La
Ricarda in Prat de Llobregat (1953–1960). 1963 kehrte er endgültig nach Barcelona
zurück. In den sechziger Jahren entwarf er zwei sehr interessante Gebäude: das
Edificio Mediterrani (1960–1966) in der Carrer del Consell de Cent, das den Wohn-
haustyp des Eixample aus moderner Sicht neu interpretierte, sowie die Hunderennbahn Meridiana (1962–1963) mit ihrem elegant gerundeten Stahldach und der
davon abgehängten, markanten Sonnenblende.[32]

Aber noch vor der Rückkehr dieser Altmeister nach Barcelona waren es die jungen
und unruhigen Talente, die gegen Ende der vierziger Jahre dafür sorgten, daß sich die
katalanische Architektur aus jener Trägheit und Rückständigkeit herausschälte, in
die sie der Francismus hineingepreßt hatte. Man war nämlich zum gleichen stilistischen Klassizismus und monumentalistischen Städtebau wie vor der Erneuerung
durch die Zweite Spanische Republik zurückgekehrt.

Die Randlage Kataloniens innerhalb Spaniens einerseits, die gleichzeitige Nähe zu
Italien und Frankreich andererseits, aber auch die eigene mediterrane und rationali-
stische Tradition bereiteten den Weg für eine neue Architektur, die internationale
Trends und eigene katalanische Wurzeln in sich vereinte. Nicht zu unterschätzen ist
dabei die Bedeutung so wichtiger Architekten wie Alberto Sartoris (1949), Bruno
Zevi (1950), Alvar Aalto (1951), Nikolaus Pevsner (1952), Gio Ponti (1953) und
Alfred Roth (1955), die in den fünfziger Jahren Barcelona besuchten und deren
Vorträge bei den jungen katalanischen Architekten starken Eindruck hinterließen.
Verschiedene Projekte dieser Zeit verdeutlichen den allmählichen Wandel: das
Hotel Park (1950–1954) und das Fémina-Kino (1951) von Antoni de Moragas[33], die

von José Antonio Coderch entworfenen Häuser der Barceloneta (1952–1954), das Verlagshaus Gustavo Gili von Francesc Bassó und Joaquim Gili (1954–1961), die Wohnhäuser in der Carrer de Pallars von den Architekten Bohigas und Martorell (1958–1959) sowie die Casa M.M.I. (1955–1958) von Josep Maria Sostres. Alle diese Bauten belegen, wie weltweit gültige formale Muster aus dem individuellen Gespür der Architekten heraus neu interpretiert wurden.

Um die Erneuerung von Architektur und Städtebau voranzutreiben, gründeten junge Architekten die Gruppe »R« zur Förderung von Ausstellungen und Wettbewerben unter den Architekturstudenten. Vorbilder sollten Cerdàs Eixample-Plan, der katalanische Modernisme und der von der GATCPAC propagierte Rationalismus sein. Gleichzeitig versuchten sie, sich den internationalen Strömungen, besonders dem Neo-Liberty und Kontextualismus Italiens sowie dem Organizismus und Empirismus der nordischen Länder anzunähern.

Diese Wiederbelebung der Architektur hatte ihre Parallelen auch in anderen Disziplinen. In der Kunst zeigte sich dies im Werk der Gruppe »Dau al Set« und am Aufkommen verschiedener anderer Gruppen, die sich mit Literatur oder Kino beschäftigten und denen die Zugehörigkeit zur »Escuela de Barcelona« gemein war. Während dieser Jahre wurde José Antonio Coderch, Mitglied des »Team 10« und Planer von Projekten wie dem Haus Ugalde in Caldetes bei Barcelona, zum herausragendsten katalanischen Architekten. In offensichtlicher Anlehnung an die architektonischen Ideen und Arbeiten jener Zeit, wie die von Luis Barragán in Mexiko, Fernando Távora in Portugal oder Aldo von Eyck in Holland, entwickelte Coderch seine eigenen Raumkonzepte. Dabei kam er mit nur wenigen Mitteln aus, so wie er es von der volkstümlichen Architektur des Mittelmeerraumes gelernt hatte. Sein System unterstreicht die Privatsphäre des häuslichen Bereichs und schützt diesen durch Mauern und Jalousien. Eine immer wieder unterbrochene Abfolge großer Wohnräume gruppiert sich um nicht einsehbare Innenhöfe.[34]

Die Reife und die Erneuerung der katalanischen Architektur spiegelten sich in gewissem Maße in der Qualität der Vorschläge wider, die anläßlich der Ausschreibung für den neuen Sitz des Collegi Oficial d'Arquitectes de Catalunya unterbreitet wurden. Schließlich realisierte Xavier Busquets dieses so entschieden moderne Gebäude inmitten der Altstadt.

Nachdem die Gruppe »R« ihre ersten Ziele erreicht hatte – zu Beginn der sechziger Jahre hatte sich die moderne Architektur in Katalonien schon etabliert –, löste sie sich wieder auf.[35] Viele andere junge Architekten wandten sich damals bereits einem neuen, gemeinsamen Stil zu. Oriol Bohigas bezeichnete diese Strömung Ende der sechziger Jahre, auch in Anlehnung an die Namen anderer Gruppen der Stadt, als die »Escuela de Barcelona«.[36] Eine Mehrheit der ehemaligen Mitglieder

HOTEL PARK

Antoni de Moragas, 1950–1954
Avinguda del Marquès de l'Argentera 11

Die Bedeutung dieser Arbeit liegt darin, daß sie das erste Zeugnis moderner Architektur nach dem Bürgerkrieg und einer zehnjährigen Periode ausgesprochener Mittelmäßigkeit war. In diesem Projekt setzte Moragas Ideen um, die er aus Fachzeitschriften und Gastvorlesungen an der Architekturfakultät über moderne europäische Architektur gewonnen hatte. Besonders wichtig waren in diesem Zusammenhang die Skandinavier Gunnar Asplund und Alvar Aalto sowie die holländischen Rationalisten, wie Johannes Duiker. Obwohl es in der Altstadt lag, gelang es, das betont moderne Gebäude harmonisch zu integrieren. 1990 wurde das Hotel vollständig renoviert (Grundriß).

MARKTSTAND

214

der Gruppe »R« orientierte sich weiterhin an den Vorgaben dieser Schule. Dem schlossen sich nun auch Architekten wie Federico Correa und Alfonso Milà, Lluís Cantallops, Lluís Domènech, Ramon Maria Puig, Leandre Sabater, Lluís Nadal, Vicenç Bonet, Pere Puigdefàbregas und das Studio PER an. Ihre Architektur folgte den Richtlinien des sogenannten Realismo, einer Konzeption, die, angefangen von den römischen Neorealisten wie zum Beispiel Ludovico Quaroni bis hin zu den Mailänder Theoretikern wie Ernesto Nathan Rogers, von zahlreichen italienischen Architekten vertreten wurde.

Unter den über ganz Katalonien verstreuten Projekten sind folgende Gebäude besonders hervorzuheben: die Wohnhäuser von Martorell-Bohigas-Mackay in der Avinguda de la Meridiana (1959–1965), das Monitor-Gebäude in der Avinguda Diagonal (1969–1970) von Correa-Milà sowie das von Cantallops-Rodrigo geplante Studentenwohnheim Mare Güell (1963–1967).

Schaut man sich die erwähnten Bauten der »Escuela de Barcelona« genauer an, erkennt man deutlich ihre charakteristischen Merkmale: die Suche nach einer kompositorischen Methode, die das Ganze durch die einzelnen Teile definiert; die Verwendung eines Stils, der die Klarheit der konstruktiven Logik zum Ausdruck bringt und die Qualität der handwerklichen Arbeit sowie die verwendeten Materialien wie zum Beispiel Backstein oder Keramik betont, die so bedeutsam in der traditionellen katalanischen Architektur sind und von daher sowohl kommunikativen als auch didaktischen Zwecken dienen können; eine sorgfältige Planung der intermediären Räume wie Zugänge, Höfe oder Treppenhäuser; das Engagement für die erzieherische und kommunikative Rolle der Architektur als Mittler zwischen Baukultur und Benutzer. Diese fest in der katalanischen Kultur verwurzelte Architektur war von der für die Region so typischen Mischung aus Realismus, Empirismus und Pragmatismus geprägt.[37]

Die Architekten Enric Tous und Josep Maria Fargas gingen einen von der »Escuela de Barcelona« abweichenden Weg; sie plädierten dafür, die technologischen Möglichkeiten noch entschlossener zu nutzen. Mit der Banca Catalana (1965–1968), einem aus Fertigbauteilen erstellten Bürohaus, gelang es ihnen, einen neuen, repräsentativen und sorgfältig ausgearbeiteten Bau in einer so heiklen, Sensibilität erfordernden Lage wie dem Passeig de Gràcia zu plazieren. Fast zur gleichen Zeit realisierte das international renommierte Team Belgiojoso-Peressutti-Rogers ebenfalls im Zentrum, an der Ronda Universidad, den Sitz der spanischen Tochterfirma des Olivetti-Konzerns (1960–1964). Das Mailänder Team entschied sich für eine gläserne Vorhangfassade inmitten des historischen Geflechts Barcelonas.

Die wichtigste Arbeit in diesem Umfeld sind jedoch zweifellos die von Josep Maria Sostres entworfenen Büroräume der Zeitung Noticiero Universal (1963–1965). Ist

CITROËN-NIEDERLASSUNG

die Casa Milà von Gaudí das Maß für den architektonischen Überschwang innerhalb Cerdàs Planraster, bildet der Noticiero Universal die Grenzlinie zum Minimalismus und zur Abstraktion. Sostres interpretiert die Logik der Eixample-Fassaden mit großer Präzision als glatte Ebene, als eine Haut, die die verschlungenen Innenräume vom öffentlichen Raum der Straßen trennt. Innerhalb dieser Ebene zeichnen sich wiederholt die vertikalen Silhouetten der für die historische Eixample-Architektur typischen Fenster-Balkone ab. Um die moderne Abstraktion noch zu verstärken, verzichtete er auf das Gesims am Giebelabschluß.

Während also einige wenige fähige Architekten eher kleine, modellhafte Bauwerke konstruierten, kam es während des wirtschaftlichen Booms der sechziger Jahre zu einer Verdichtung des Wohnraums durch eine rein spekulativen Zwecken dienende Architektur, die freie, bebaubare Flächen auffüllte, keine Grünflächen zuließ und sich wie ein Ölteppich in Richtung auf die angrenzenden Dörfer und die Peripherie ausbreitete. Im Eixample wurde jetzt der Bau von Dachterrassenwohnungen genehmigt, die die volumetrische Einheit der Häuserblocks empfindlich störten. Das allgemeine Baufieber führte sogar zum Abriß einiger Bauwerke des Modernisme, die damals nur geringe Wertschätzung erfuhren. In den Randbezirken folgte man einer blutleeren und spekulativen Version des rationalistischen Städtebaus. Trabantensiedlungen wurden hochgezogen, die eigentlich nur ein billiger Abklatsch der französischen »Grandes Ensembles« waren; eine Architektur von schlechter Qualität, die jeglicher Infrastruktur für die Bewohner entbehrte.

Gleichzeitig verloren die katalanischen Küstenstriche als Folge des touristischen Raubbaus ihr landschaftliches Gepräge. Nicht genug damit, daß der Francismus seine Spuren der Repression in den Generationen der dreißiger und vierziger Jahre hinterließ, er forcierte auch noch eine Stadtentwicklung um jeden Preis. Ein noch heute schwer lastendes Erbe gesichtsloser Städte und Landschaften ohne gewachsenen Charakter war das Resultat.

Die kulturell wertvollere Architektur stagnierte indes nicht; im Verlauf der sechziger Jahre entwarfen einige Architekten in Barcelona Bauwerke, die eine klare Trennlinie zur Tradition der »Escuela de Barcelona« zogen. So gründete Ricardo Bofill 1963 die Taller de Arquitectura, eine Architekturwerkstatt, die nach ersten Arbeiten im Stil der »Escuela« eine experimentelle Raumarchitektur verfocht, die sich an den unter anderem von der britischen Gruppe Archigram propagierten neuen technologischen Strömungen orientierte. Bofills Versuche erreichten ihren Höhepunkt in der Realisierung des Wohnkomplexes Walden 7 in Sant Just Desvern (1970–1975) – einer Art Stadt im Raum, erbaut allerdings mit herkömmlicher Technologie.

Mit deutlichem Bezug auf die Arbeiten des Amerikaners Robert Venturi entwarfen auch die jungen Mitarbeiter des Studio PER – Lluís Clotet, Oscar Tusquets, Christian

MEHRFAMILIENHAUS (links)

José Antonio Coderch e Sentmenat, Manuel Valls i Vergés, 1951–1954
Passeig Nacional 43

WERKSWOHNANLAGE

Oriol Bohigas, Josep Maria Martorell, 1958–1959
Carrer de Pallars 299–317

Das Mehrfamilienhaus von Coderch, dem herausragenden katalanischen Architekten der zweiten Hälfte des 20. Jahrhunderts, wurde zum Sinnbild für die Wiedergeburt der modernen Architektur in Barcelona. Introvertierte, fließend ineinander übergehende Räume, durch flächige Holzjalousien nach außen geschützt, bestimmen das Werk. Überraschend ist das Nebeneinander klarer, moderner Formen und konventioneller Elemente.
Bohigas und Martorell entschieden sich für eine handwerkliche Konstruktion und traditionelle Materialien, die eher den Gegebenheiten und dem Geschmack der Zeit entsprachen.

Cirici und Pep Bonet – evokative, kommunikative Architektur mit postmodernem Charakter. Die Erweiterung eines Wohnblocks in der Carrer de Sant Màrius, eine ausdrucksstarke Collage seriengefertigter Baumaterialien, die Clotet und Tusquets zwischen 1969 und 1971 ausführten, ist dafür ein Beispiel.

Schließlich fanden Albert Viaplana und Helio Piñón einen konzeptuellen und abstrakten Ausweg für die Architektur des ausgehenden 20. Jahrhunderts, der den Überlegungen der Amerikaner Peter Eisenman und John Hejduk nahe ist. Einer Periode des stillen und geduldigen Experimentierens folgte Anfang der achtziger Jahre ihr vieldiskutierter Entwurf zur Neugestaltung der Plaça dels Països Catalans vor dem Bahnhof Sants.[38]

Zusammenfassend kann man sagen, daß die Architektur Barcelonas in den siebziger Jahren die verschiedenen neuen, weltweit thematisierten Methodologien von Aldo Rossi, Robert Venturi und Peter Eisenman erkennen läßt.

José Antonio Coderch bestach in jenen Jahren durch seine Strenge und durch seine Fähigkeit, mit wenigen formalen Mitteln besonders ausdrucksstarke Ergebnisse zu erzielen. Coderch setzte damals Maßstäbe für die moderne Architektur in Barcelona. Dazu gehören die Bürotürme Trade (1966–1969) im Geschäftszentrum der Stadt in ihrer einzigartigen gerundeten, verglasten Form. Oder der Wohnpark des Bankhauses Urquijo in der Carrer Raset (1967), eine der perfektesten Anlagen im Wohnungsbau. Das Institut Français (1972–1975) mit seiner kargen, kubischen Form darf hier ebensowenig vergessen werden wie Coderchs Nachlaß (er starb 1984): der Erweiterungsbau der Escuela de Arquitectura de Barcelona (1978–1985), ein niedriger Pavillon, der dem bereits bestehenden Hochhaus als Sockel dient. Damit hat Coderch seine Fähigkeit unter Beweis gestellt, ganz persönliche architektonische Akzente setzen zu können.

Neben den bereits genannten gibt es andere beispielhafte Arbeiten der siebziger Jahre, wie den Wohnblock am Passeig de la Bonanova (1970–1973) von Martorell-Bohigas-Mackay oder das Edificio Frégoli (1972–1975) von Esteve Bonell. Darin sind die Vorboten des diffusen, eleganten Eklektizismus zu erkennen, der sich in den achtziger Jahren in der katalanischen Architektur ausbreiten wird.[39]

COLLEGI OFICIAL D'ARQUITECTES DE CATALUNYA

Xavier Busquets i Sindreu, 1958–1962
Plaça Nova 5

Für den Neubau des Collegi Oficial d'Arquitectes de Catalunya wurde 1957 ein Wettbewerb ausgeschrieben, der die Reife der katalanischen Architektur dokumentierte. Verlangt war ein entschieden modernes Bauwerk für einen Bauplatz im Herzen der Altstadt gegenüber der Kathedrale. Xavier Busquets gewann den Wettbewerb, an dem sich die fähigsten Architekten jener Zeit beteiligt hatten.
Zur Durchführung des Projekts mußten allerdings noch wesentliche Änderungen an der ursprünglichen Konzeption vorgenommen werden. Die realisierte Lösung bestand schließlich aus einem horizontalen Baukörper mit einer Glasfassade im Erdgeschoß, dem Ausstellungssaal, und einem vollkommen geschlossenen ersten Stock, dem Festsaal. Aus ihm ragt der hohe Büroturm für Verwaltung, Forschung und Lehre auf. In die glatten Innen- und Außenwände des Festsaales wurde ein von Pablo Picasso entworfenes Wandbild eingemeißelt.

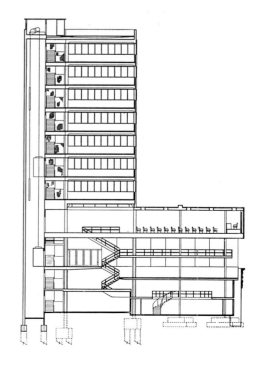

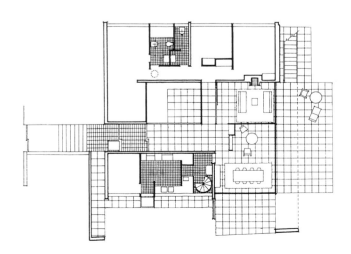

CASA M.M.I.
Josep Maria Sostres i Maluquer, 1955–1958
Ciutat Diagonal

Zu den aufgeschlossensten und experimentierfreudigsten unter all jenen Architekten, die treibende Kräfte einer Erneuerung der Architektur waren, zählt Josep Maria Sostres. Die Vielfalt architektonischer Formen, die er bei seinen Arbeiten einsetzte – in den Bergen, am Meer oder in der Stadt –, sind ein Beweis dafür. Die Casa M.M.I. mit ihrer entschieden horizontalen Ausprägung und der klaren Linienführung ist ein ausgezeichnetes Beispiel für seine unermüdliche Suche nach einer zeitgemäßen Architektur.

Das Haus präsentiert sich von jeder Seite anders: nach Norden hin geschlossen, öffnet es sich zur Südseite und zum Garten. Zwischen den Schlafzimmern und Bädern einerseits und dem Arbeitsbereich mit Küche und Büro andererseits liegen Innenhof, Wohnraum, Eßzimmer und Terrasse. Eine Wendeltreppe verbindet die Garage mit dem Arbeitszimmer und dem Glaspavillon der Dachterrasse.
Von der schmalen Treppe am Hauseingang gelangt der Besucher in immer größer und lichter werdende Räume, bis er die offene Terrasse erreicht. Der Windfang der Diele und die langgestreckte Sonnenblende vor der Glasfront im Süden bilden dabei eine Art zweite Hülle, die das Haus im Sommer kühl hält; der Patio sorgt zusätzlich für Frischluft.
Schatten und Licht, glänzende und matte Oberflächen, helle und dunkle Farbtöne sind die wichtigsten Raumgestalter, die in diesem Haus durch Spiegelungen, Kontraste und flimmerndes Licht ständig neue geometrische Figuren und Schattenspiele hervorbringen.

VERLAGSHAUS GUSTAVO GILI

Francesc Bassó i Birulés, Joaquim Gili i Moros,
1954–1961
Carrer del Rosselló 89

Auf der Freifläche im Innern eines Cerdàschen Blocks gelegen, ist dieses Verlagshaus ein ausgezeichnetes Beispiel moderner, für die Arbeitswelt konzipierter Architektur mit deutlichen Bezügen zu den Meisterwerken des Internationalen Stils aus den dreißiger Jahren.
Das Innere strahlt eine betont sachliche Atmosphäre aus, da auf dekorative Elemente gänzlich verzichtet wurde; die großen durchgängigen Büroräume erstrecken sich über zwei Ebenen im Erd- und Zwischengeschoß des Hauptbaus. Ebenso zurückhaltend und kühl ist die Farbgestaltung, die sich auf die Farben Schwarz, Grau und Weiß beschränkt.
Der Hauptfassade ist eine riesige Sonnenblende aus Betonlamellen vorgesetzt. Im übrigen bestimmen – ganz nach dem Vorbild der klassischen Moderne – glatt verputzte weiße Flächen, Pilotis und stahlgefaßte Fensterbänder das Bild.

SEAT-NIEDERLASSUNGEN

César Ortiz Echagüe, Rafael Echaide Itarte,
1958–1960
Plaça d'Ildefons Cerdà, Passeig de la Zona
Franca 270, Gran Via de les Corts Catalanes
140; Dependance

226

WOHNANLAGE

Oriol Bohigas, Josep Maria Martorell, David
Mackay, 1959–1965
Avinguda de la Meridiana 312–316

228

WOHNANLAGE

José Antonio Coderch, Manuel Valls,
1957–1961
Carrer de Johann Sebastian Bach 7

Nachdem sich die moderne Architektur in Katalonien bereits fest etabliert hatte, erlaubten sich Bohigas, Martorell und Mackay mit der als Manifest konzipierten Arbeit an der Avinguda de la Meridiana, ihren Einspruch gegen die spekulativen Tendenzen in den Bauaktivitäten Barcelonas auszudrücken. Die Grundrisse der Wohnungen sind vergleichsweise großzügig angelegt; die Fassade übernimmt die Funktion eines Schutzwalls und erinnert mit ihren vielen kleinen Fenstern an einen Bienenstock. Jedes einzelne ist so orientiert, daß es die Geräuschkulisse der breiten Straße mit ihrem Autoverkehr möglichst gut abschirmt.

Folgten Coderch, Sostres, Bassó oder Gili den Modellen von Le Corbusier, Mies van der Rohe, Alvar Aalto oder Richard Neutra, entsprach der Baustil von Bohigas, Martorell und Mackay in diesen Jahren eher der handwerklichen Backsteinarchitektur der Amsterdamer Schule, wie sie beispielsweise von Michel de Kerk, Pieter Lodewijk Kramer oder Hendricus Theodorus Wijdeveld vertreten wurde.

Beim Appartementblock in der Carrer de Johann Sebastian Bach dominieren, wie schon bei Coderchs richtungsweisendem Gebäude am Passeig Nacional in Barceloneta, flächige Jalousien die Fassaden. Die Erschließung ist ähnlich gelöst wie in der Casa Milà von Gaudí: Man gelangt nicht über ein Treppenhaus, sondern mit dem Fahrstuhl direkt in die Wohnung; alle Räume sind zu diesem zentralen Entrée hin orientiert.

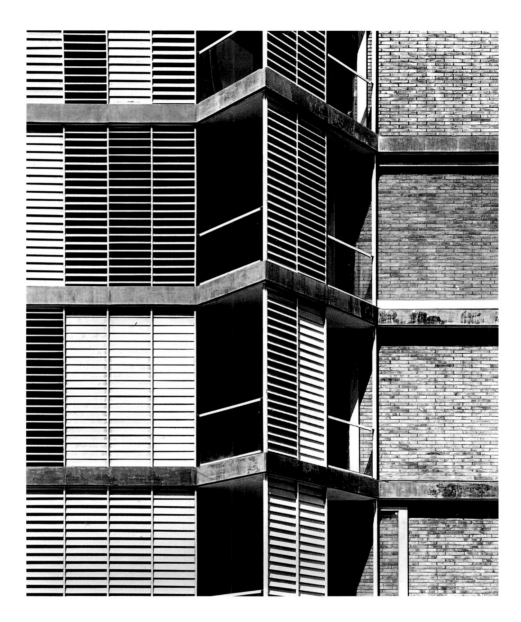

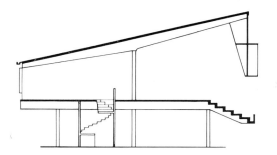

HUNDERENNBAHN MERIDIANA

Antoni Bonet i Castellana, Josep Puig i Torné,
1962–1963
Carrer de Concepció Arenal 165

So klar und schlicht wie die Aufgabenstellung – es galt, eine Hunderennbahn zu schaffen mit Tribünenkomplex, inclusive Wettschaltern –, so prägnant war auch die architektonische Lösung. Das Gebäude erstreckt sich längs der Zielgeraden. Die Terrassenebene, an deren gerundeter Rückseite sich die Wettschalter befinden, liegt hoch über der Arena und erlaubt einen unverstellten Blick auf das Geschehen. Geometrisch beschreibt das Dach einen sehr flachen, an beiden Enden beschnittenen Rundbogen; die klaffende Öffnung zwischen der horizontal geführten Zuschauertribüne und dem schräggestellten Dach, von dem eine große Sonnenblende herabhängt, lassen an eine längliche, halb aufgesprungene Auster denken. Die filigrane Stahlkonstruktion verleiht dem Ensemble, das sich beinahe spielerisch an die Arena anzuschmiegen scheint, Eleganz und Leichtigkeit.

FUNDACIO JOAN MIRO
Sert, Jackson and Associates, 1972–1974;
Jaume Freixa i Janáriz, 1988
Parc de Montjuïc, Avinguda de Miramar

Die 1971 von Joan Miró gegründete private Stiftung verfolgt im wesentlichen zwei Ziele: zum einen natürlich die angemessene Präsentation des Werks des katalanischen Künstlers in einer permanenten Installation, die durch umfangreiche Schenkungen ermöglicht wurde, ergänzt durch wechselnde temporäre Ausstellungen zu speziellen Themenfeldern seines Œuvres; zum anderen die generelle Förderung zeitgenössischer Kunst auf internationaler Ebene.

Der Entwurf des Gebäudes der Joan-Miró-Stiftung stammt von Josep Lluís Sert, einem engen Freund des Künstlers, und zählt zu den wenigen herausragenden Werken der Moderne in Barcelona von überregionaler Bedeutung. Sert übernahm dabei im Ansatz die Idee des spiralförmig angelegten, problemlos erweiterbaren Museums von Le Corbusier. Das weiche, gebrochene Licht, das in die Ausstellungsräume gelangt, erreichte er durch eine betont horizontale Anlage des gesamten Komplexes. Die dafür notwendige ausgedehnte Dachlandschaft wird dabei sehr überzeugend zur Präsentation von Mirós Skulpturen genutzt. Die Erweiterung von Jaume Freixa folgt dem Gestaltungskonzept des Hauptbaus.

WALDEN 7

Ricardo Bofill, Taller de Arquitectura,
1970–1975
Sant Just Desvern

Dieser massive Wohnblock aus 400 genormten Wohnkuben entstand nach umfangreichen theoretischen Vorarbeiten in Bofills Team, der Taller de Arquitectura, einer Werkstatt für Architektur, die ihre Büros in unmittelbarer Nähe in einer aufgelassenen Zementfabrik eingerichtet hat. Unter dem Einfluß technologischer Utopien der sechziger Jahre sollte damit eine Alternative zum konventionellen Städtebau erprobt werden, eine Formalisierung der Stadt im Raum. Geplant wurde eine vertikal ausgerichtete Raumstadt, die auf der kommunikativen Verbindung individueller Wohneinheiten mit gemeinschaftlichen Einrichtungen basierte; erdacht für Großstadtmenschen, befreit von allen überkommenen sozialen Konventionen, die nach neuen Lebensformen verlangen. Das Experiment ist gescheitert und zeigt sich heute in einem ruinösen Zustand.

VI

BARCELONA HEUTE

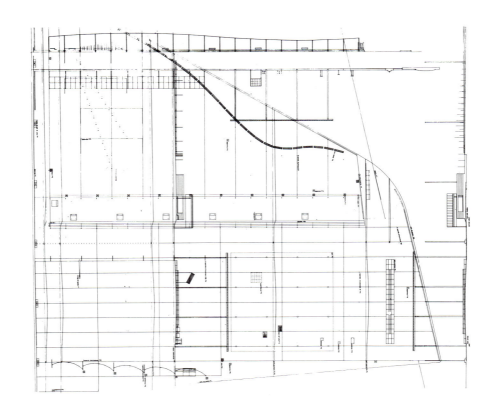

Ende der siebziger Jahre unternahm Barcelona erste Versuche, sich des verheeren-
den städtebaulichen Erbes der Franco-Diktatur zu entledigen. Bereits in der Über-
gangsphase zur Demokratie auf kommunaler Ebene wurden vom Bürgermeister
Josep Maria Socias (1976–1979), unter der planerischen Leitung des Architekten
Josep Antoni Solans, erste Maßnahmen ergriffen, um über Grund und Boden der
öffentlichen Hand zu verfügen, Sozialprogramme, wie den Bau erschwinglicher
Wohnungen und die Anlage öffentlicher Plätze, zu fördern sowie Gebäude von
historischem Interesse wieder in städtischen Besitz zu überführen. Diese Entwick-
lung erhielt entscheidende Impulse durch die sozialistische Stadtregierung (1979),
die anfangs von Narcís Serra und seit 1982 von Pasqual Maragall geführt wurde.
Anfang der achtziger Jahre wurde der Architekt und Beauftragte der Abteilung
Städtebau, Oriol Bohigas, als Berater bei kommunalen Initiativen hinzugezogen.
Was dabei heranreifte, war ein Plan zur Modernisierung, der auf die spezifischen
Merkmale und Grundzüge der Stadt zurückgriff. Barcelona sollte erneuert und
umstrukturiert, öffentliche Plätze und Gebäude wieder zum Kennzeichen jedes
einzelnen Viertels werden. Schon damals spekulierte man auf die Möglichkeit, als
Austragungsort für die Olympischen Spiele 1992 nominiert zu werden. Man ging
davon aus, daß eine Synthese von stadtplanerischem Denken und den besonderen
Bedürfnissen einer Olympiastadt einen völlig neuen und umfassenden Ansatz für die
Umgestaltung ermöglichen würde.[40]

Die baulichen Maßnahmen dieser Jahre waren vor allem darauf ausgerichtet, neue
Parks und öffentliche Plätze anzulegen sowie in zahlreichen Vierteln Barcelonas
Bürgerzentren einzurichten. Auch über die Errichtung neuer Sportstätten dachte
man damals schon nach. So wurde 1983 der internationale Wettbewerb für den
Anell Olímpic, den olympischen Ring, ausgeschrieben und das neue Velodrom im
Stadtteil Horta eingeweiht.

Im Oktober 1986 bestätigten sich die Hoffnungen der Stadt: Barcelona sollte Austragungsort der Olympischen Spiele werden. Positiv daran war, daß sich damit ein
seit 1932 gehegter Wunsch erfüllte; damals nämlich hatte Berlin den Zuschlag für
die Spiele von 1936 bekommen. Auf der anderen Seite begann nun ein Wettlauf mit
der Zeit: Die Stadt mußte die gesamte Infrastruktur neu konzipieren, für alle erforder-
lichen Bauten entstand ein erheblicher Zugzwang. Für die Bürger hieß das: Das
tägliche Leben wurde immer teurer.[41]

Seit Ende 1986 unterscheiden sich die baulichen Eingriffe in bezug auf Umfang,
Kosten, Termine, Vorgaben und Bauherren von den Baumaßnahmen früherer Jahre.
Jedes Vorhaben muß so schnell wie möglich geplant und behördlich genehmigt
werden. Die Bürgerbewegungen werden dabei auf den zweiten Rang verwiesen,
und die Stadt, dieser empfindliche Organismus, der nur langsam, im Zusammen-

PLAÇA DELS PAÏSOS CATALANS
Helio Piñón, Albert Viaplana, Enric Miralles,
1981–1983
Carrer de Muntades

Die Anlage an der Station Sants gehört zu
einer Reihe von Plätzen, die von der Stadt
Barcelona im Laufe der achtziger Jahre
angelegt wurden. Sie versinnbildlicht die
neue Strömung einer intellektuellen Architektur, die nach formaler Abstraktion
sucht. Auf dem leicht gewellten Boden des
Platzes verteilen sich geometrische Figuren, Skulpturen, Säulengänge sowie Formen und Elemente, die dem Repertoire
der Architektur, den Ausdrucksmöglich-
keiten des Architekten sowie der magi-
schen Realität des Plans auf dem Zeichentisch entnommen sind.

Folgende Doppelseite:

PLAÇA DEL SOL (links oben)
Jaume Bach, Gabriel Mora, 1981–1985

PARC DE L'ESPANYA INDUSTRIAL
(links unten und rechts oben)
Luís Peña Ganchegui, Francesc Rius,
1981–1986

PEU DEL FUNICULAR DE VALL-
VIDRERA (rechts unten)
José Llinàs, 1982–1985
Avinguda de Vallvidrera, Carrer de Carrós

239

241

243

Vorhergehende Doppelseite:

FOSSAR DE LA PEDRERA (links)

Beth Galí, 1983–1986
Montanya de Montjuïc

JARDINS DE LA VILLA CECILIA (rechts)

José Antonio Martínez Lapeña, Elias Torres,
1982–1986
Carrer de Santa Amèlia

spiel aller wachsen kann — oder wie Franco Rellas meint, »der Streit- und Konfliktort par excellence, der letzte Raum, in dem es noch möglich ist, durch die ständige Gegenüberstellung von Ideen einen Dialog mit der Wahrheit zu führen«[42] —, diese Stadt muß sich nun im Wettlauf gegen die Zeit zusammenschließen und dialogische Prozesse bis an gefährliche Grenzen hin ausklammern.

Zusammenfassend kann man sagen, daß Barcelonas Wachstum seit den achtziger Jahren von zwei Faktoren bestimmt wird: Zum einen versucht die demokratisch gewählte Regierung, die bei der Infrastrukturentwicklung verlorene Zeit einzuholen, zum anderen ermöglicht der Sonderfall der Olympischen Spiele, Investitionen zu mobilisieren und in eine bestimmte Richtung zu lenken.

Die gegenwärtigen Baumaßnahmen folgen der Maßgabe, die Stadt in ihrer bestehenden Form zu ergänzen: Große, durch den Wegfall einer veralteten Infrastruktur — zum Beispiel von Bahnhöfen, Eisenbahnlinien, Fabrikgebäuden, ehemaligen Krankenhäusern — freiwerdende Parzellen werden neu bebaut, Freiflächen geschaffen, bestimmte Stadtgebiete trassiert und das gesamte Straßennetz ausgebaut. Da ein großer Teil Barcelonas bereits über eine gefestigte Struktur verfügt, werden die einschneidendsten Veränderungen nicht im Zentrum, sondern in der Peripherie vorgenommen, also in den Vierteln am Stadtrand, an den Einfallstraßen, entlang des Küstenstreifens und an den Berghängen.[43]

Die einzelnen Eingriffe in die bestehende Struktur sollten diese natürlich ergänzen und verbessern; in einigen Fällen ging man jedoch sehr drastisch vor und veränderte die Stadt zu ihrem Nachteil. Das für Barcelona so typische Hinzufügen kleiner baulicher Details ging dabei verloren. Das gilt in gewissem Maße auch für die Wettkampfanlage Anell Olímpic sowie für die Vila Olímpica, das olympische Dorf.

Aus formaler Sicht lassen sich die jüngsten baulichen Maßnahmen in vier Gruppen unterteilen: Flächen, Linien, Knoten und Punkte. Die »Flächen« beziehen sich auf die vier Stadtgebiete, in denen die Olympischen Spiele 1992 ausgetragen werden. Das wichtigste Projekt ist die Errichtung des olympischen Dorfes, wodurch ein bedeutender Teil des Küstenstreifens wieder nutzbar gemacht wird und gleichzeitig eine ganz neue Wohnsiedlung entsteht. Barcelona, das seine bedeutendsten Gebietsgewinne schon von jeher im Westen erschlossen hatte, unternimmt nun den Versuch, mit dieser längst überholten Tradition zu brechen, die Claude Lévi-Strauss zufolge allen Städten gemein ist[44], und die Wachstumsrichtung nach Osten zu verlagern.

Die Lösung, die man für das Olympische Dorf gefunden hat, bietet jedoch keinen Anlaß zu großen Erwartungen, da sie weder die charakteristischen Merkmale des Cerdàschen Plans noch die Vorteile des modernen Städtebaus oder die typologischen Vorschläge zu nutzen weiß, die von einer größtmöglichen Aufteilung der

NEUER BOTANISCHER GARTEN

Carlos Ferrater, Josep Lluís Canosa,
Beth Figueras, 1988
Montjuïc

Dieses Projekt befindet sich noch in der Planungsphase und gehört zu den innovationsreichsten in der Architektur Barcelonas der letzten Zeit. Zentrum der Anlage ist ein zweiflügeliger, über einen Brückenbau verbundener Gebäudekomplex, der unterschiedliche Bereiche integriert: Museum, Gewächshäuser, Herbarium, Forschungseinrichtungen, Restaurant, Verwaltung. Das Gelände mit einer großen Vielfalt an Pflanzen aus dem Mittelmeerraum ist mit einem Wegenetz überzogen, das sich in seiner Struktur auf die Fraktalmodelle Mandelbrots bezieht.

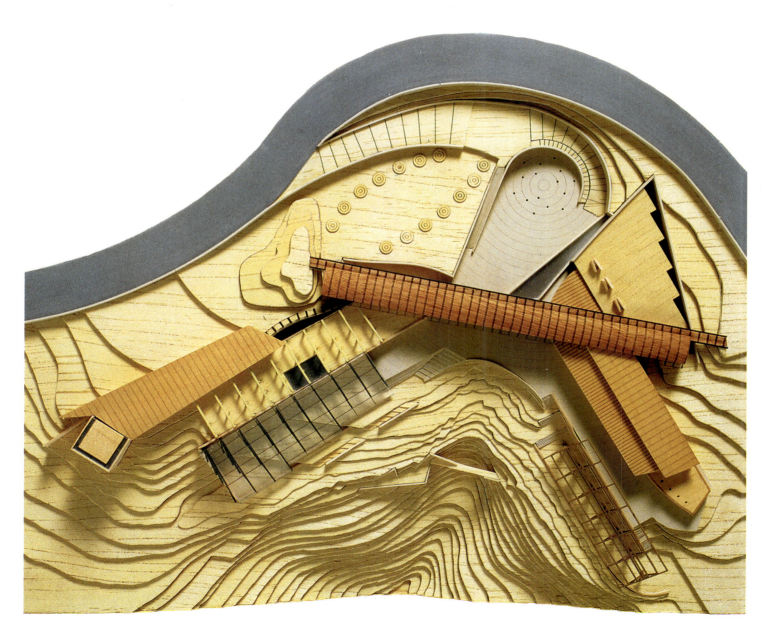

gesamten Baumaßnahme ausgehen. Die markantesten Elemente des Olympischen Dorfes sind die beiden fast völlig identischen Wolkenkratzer, von denen einer vom Büro Skidmore, Owings & Merrill in Chicago projektiert wurde.[45]

Größere Kohärenz der Formgebung und eine bessere Raumaufteilung zeichnet das Projekt aus, das von einem Team unter der Leitung von Carlos Ferrater realisiert wurde und sich über drei Häuserblocks des Cerdà-Plans erstreckt (1988–1992). Ferrater ist einer der katalanischen Architekten, denen es gelungen ist, eine besonders präzise und individuelle Methodik und Ausdrucksform zu entwickeln. Bei dem genannten Projekt wurden die geschlossenen Karrees der Häuserblocks aufgebrochen, um Alleen Platz zu machen und an allen Eckpunkten markante Türme zu errichten. Darüber hinaus interpretieren die innenliegenden Gärten die ursprüngliche Idee Cerdàs neu.[46]

Ein frühes Bauwerk, das im Vall d'Hebron ins Auge fällt, ist das bereits angesprochene, von Esteve Bonell und Francesc Rius entworfene Velodrom von Horta. Hinzu kommt die Errichtung verschiedener Freiluftsportstätten und Sporthallen, so zum Beispiel die nach Plänen von Enric Miralles und Carme Pinós errichtete Anlage für das Bogenschießen (1989–1992).

Die wichtigste olympische Wettkampfanlage ist der Anell Olímpic auf dem Montjuïc, dem Hausberg Barcelonas. Er steht auf einer riesigen Plattform, auf der vier große Sportstätten zusammengefaßt sind: das genannte Olympiastadion, die Olympiahalle Palau Sant Jordi, die Sporthochschule Instituto Nacional de Educación Física und das Schwimmstadion Picornell. Das markanteste dieser Gebäude ist der von einem Team unter der Leitung des japanischen Architekten Arata Isozaki entworfene Palau Sant Jordi (1984–1990), einer plastischen Muschel über einem kubischen Grundkörper. Die dem Anell Olímpic gegenüberliegende Fassade kombiniert Durchlässigkeit mit einer volumetrischen Form und verleiht dem Gebäude so jenen monumentalen Charakter, der der Neigung der Bürger entgegenkommt, sich in den Bann großdimensionierter Bauten ziehen zu lassen.[47]

Hinsichtlich der schon angesprochenen »Linien« steht außer Frage, daß eine gute Verbindung zwischen allen Stadtteilen und Arealen nur dann gewährleistet werden kann, wenn die dafür notwendige Infrastruktur – Ringstraßen, Boulevards, Brücken, Tunnel und Untergrundbahnstrecken – weiter ausgebaut wird. Um dieses Ziel zu erreichen, hat man versucht, ein neues Konzept schneller Verbindungswege umzusetzen, das den städtischen Erfordernissen angepaßt ist und gleichzeitig parkähnliche Flächen für die Fußgänger schafft.

Das System der Kommunikationswege wird durch zwei weitere Bauten vervollständigt. Dazu gehört der von Norman Foster entworfene Telekommunikationsturm in Collserola (1989–1992), der alle bisher über die Berge verstreuten Antennen in einer

PARC DE L'ESTACIO DEL NORD
Andreu Arriola, Carme Fiol, Enric Pericas, 1985–1987

Hier wurde das Freigelände neben dem alten stillgelegten Nordbahnhof genutzt und ein Park eingerichtet. Er ist Ausgangspunkt eines großräumig angelegten Grünkonzepts entlang den Gleisen bis zur Plaça del General Moragues und zum Parc Sant Marti.
Die Anlage gruppiert sich um zwei große Skulpturen der amerikanischen Bildhauerin Beverly Pepper. Die eine Skulptur mit dem Titel »Cel Caigut«, »Bleicher Himmel«, scheint aus dem Gelände zu wachsen und erinnert an die Form eines gestrandeten Wals; die andere, mit dem Titel »Espiral Abrada«, besteht aus einer hölzernen, mit Bäumen bepflanzten Spirale.

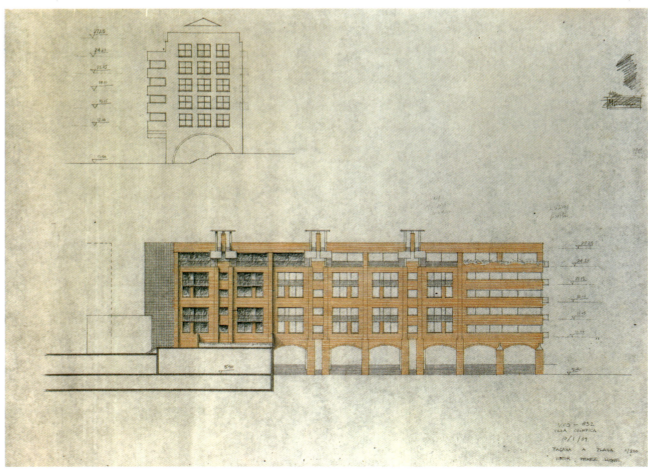

einzigen technologischen Einheit zusammenfaßt und sich gleichsam als symbolisches Monument dieser Technologie über der städtischen Skyline erhebt. Dazu gehört auch der von Ricardo Bofill und seinem Team geplante neue Flughafen von Barcelona (1987–1991), eine lineare Konzeption mit Abfertigungsgebäuden auf dreieckigem Grundriß entlang einer überdachten Allee mit doppelten Glasfassaden. Das Netz der städtischen Verkehrswege wird außerdem durch ein ausgesprochen plastisch wirkendes Element bereichert. Gemeint ist die Brücke zwischen den Straßen Bach de Roda und Felip II. (1986–1987), die nach Plänen von Santiago Calatrava aus Stahl und Eisenbeton gebaut wurde.[48]

Die »Knotenpunkte« innerhalb der komplexen Stadtstruktur vermitteln zwischen Flächen, liegen in den Grenzstreifen zwischen den einzelnen Stadtvierteln oder entstehen dort, wo unterschiedliche Verkehrswege zusammenlaufen. Es sind »Knotenpunkte« wie jener, der durch die Umgestaltung des Port Vell entstand, oder etwa die Konzentration von Bürohochhäusern in der Carrer Tarragona. Auch der aus freien Flächen, Sportanlagen und kommerziell genutzten Flächen bestehende Komplex an der Renfe Meridiana ist ein solcher »Knotenpunkt«. Solche neuen Stadträume, die durch den Wegfall veralteter Infrastrukturelemente entstehen, sind heute wichtige Planungsfelder.[49]

Bisher ungelöst ist die Erschließung einer der wichtigsten »Knotenpunkte« der Stadt, der Plaça de les Glòries Catalanes, die noch viele Fragen aufwirft. Zwei geplante Gebäude sollen dazu beitragen, diesen Platz mit Leben zu erfüllen: das Teatre Nacional de Catalunya von Ricardo Bofill und Rafael Moneos Auditorio Municipal. Bei den »punktuellen« Eingriffen schließlich sind vor allem die Parks und Plätze zu nennen, die die gegenwärtige Kommunalpolitik in Barcelona besonders unterstützt und von denen es bereits etwa hundert gibt. Einige dieser vielfältigen Arbeiten haben geradezu Modellcharakter, wie beispielsweise die von Albert Viaplana, Helio Piñón und Enric Miralles entworfene Plaça dels Països Catalans in Sants (1981–1983), ein Manifest der konzeptuellen Architektur. Oder der Park Fossar de la Pedrera (1983–1986) von Beth Galí, einer der Ruhepunkte Barcelonas, dessen Symbolismus besonders stark hervortritt. Die Mehrzahl der »punktuellen« Eingriffe ist vom Willen geprägt, alle urbanen Räume, unabhängig davon, ob es sich nun um einen Park, eine Brücke oder ein Tunnel handelt, einer ganz neuen Art der Behandlung zu unterziehen, wobei dem architektonischen Entwurf und der baulichen Ausführung gleichermaßen große Bedeutung beigemessen wird.

An den Platzanlagen in Barcelona läßt sich eine deutliche Entwicklung ablesen. Bei den ersten Arbeiten um 1982 beschränkte man sich darauf, bereits existierende Plätze innerhalb eines historisch gewachsenen Geflechts umzugestalten, wie zum Beispiel im Stadtviertel Gràcia oder in der Altstadt. Gegen 1985 nahm die Zahl der

LA XEMENEIA D'EN FOLCH

Josep Martorell, Oriol Bohigas, David Mackay, Albert Puigdomènech, 1986–1992
Olympisches Dorf, Poble Nou

1986 legte eine Planungsgruppe unter der Leitung von Oriol Bohigas innerhalb weniger Wochen die allgemeinen gestalterischen Richtlinien fest, die die Gebäude des olympischen Dorfes bestimmen sollten. Dabei handelte es sich um eine Aufgabe von weitreichender Bedeutung für die Entwicklung der Stadt, da es um die Wiedergewinnung eines weitläufigen Küstenabschnitts ging. Auffällig an den Ergebnissen dieser Planung ist, daß keines der drei städtebaulichen Grundmuster, auf die hätte Bezug genommen werden können, eindeutig genutzt wurde: die Axialstrukturen des Beaux-Arts-Systems, die homogene Anlage des Cerdàschen Plans oder die Blockbauweise des rationalistischen Städtebaus.
Das Gebiet des olympischen Dorfes liegt hinter der Ciutadella und den Kasernen der Intendantur sowie auf den Grundstücken der ehemaligen Fabriken »Folch«, »Torras« und den von Elies Rogent entworfenen Docks. Einziges Überbleibsel dieses riesigen Industrieareals ist heute der Backsteinkamin der Fabrik »Folch« neben einem der großen neuen Wohnkomplexe.

ehrgeizigeren, größer angelegten Projekte zu. Sie konzentrierten sich auf die Rand-
bezirke sowie auf die weniger markanten Kernbereiche der Stadt. Beispielhaft ist der
Parc de la Creueta del Coll (1981–1987) von Martorell, Bohigas und Mackay, mit
seinem großen, am Rande eines ehemaligen Steinbruchs gelegenen Teich; oder der
Park am Nordbahnhof (1985–1987), mit den wunderbaren Landschaftsskulpturen
von Beverly Pepper; und nicht zuletzt der nach Entwürfen von Elias Torres und José
Antonio Martínez Lapeña angelegte Park der Villa Cecilia (1982–1986). Viele dieser
öffentlichen Plätze erhalten durch Skulpturen eine ganz persönliche Note.[50] Nachdem die meisten Ziele erreicht worden waren, kehrte man 1990 zu einem »minima-
listischen« Konzept zurück, das sich auf die Perfektionierung von Gehsteigen,
Straßenbeleuchtung, Zufahrten und des Straßenpflasters konzentrierte.

Zu den »punktuellen« baulichen Maßnahmen gehören auch die Kulturstätten. Stell-
vertretend seien hier zwei Werke von Jordi Garcés und Enric Soria genannt: das
Museu Picasso (1981–1987), dessen Umbau auch zur Sanierung einiger alter Paläste
in der Carrer de Montcada führte, und das Museu de la Ciència (1979–1980), das in
einem umgebauten früheren Altersheim eingerichtet wurde.[51] Bei beiden Gebäuden
handelt es sich um modellhafte Eingriffe in eine historische Architektur. Im Altstadtkern wird das Areal des ehemaligen Krankenhauses Casa de la Caritat in ein Zentrum
für zeitgenössische Kunst umgewandelt. Die zwei wichtigsten Maßnahmen sind
dabei die Räume zum Thema »La ciudad de las ciudades« (1990) von Albert
Viaplana und Helio Piñón[52] sowie das von dem Amerikaner Richard Meier entworfene Museu d'Art Contemporani (1987–1992).

Ein typisches Merkmal, das die gegenwärtige Stadtentwicklung Barcelonas bestimmt
– und das nicht nur im positiven Sinne –, ist der Einzug des Dienstleistungssektors.
Nach und nach wandelt sich die Stadt in ein großes Zentrum für Arbeit, Handel und
Kultur, in dem für die ärmeren Bewohner kein Platz mehr ist. Dieses Phänomen läßt
sich natürlich in allen postindustriellen Städten erkennen und führt dazu, daß
bestimmte Viertel ausschließlich vom Tertiärsektor genutzt werden. Es ist ja kein
Geheimnis mehr, daß solch eine einseitige Nutzung das Nachtleben und die
Wochenendaktivitäten aus den entsprechenden Stadtgebieten verbannt.

Auch in der kleiner dimensionierten Welt der Innenarchitektur besticht das Barcelona der achtziger Jahre – wie schon zu Zeiten des Modernisme – durch das hohe
künstlerische Niveau in der Gestaltung von Lokalen und Geschäften. Zu den ersten
Lokalen mit wirklich innovativem Charakter zählen die Musikkneipe KGB mit ihrem
schlichten großstädtischen Design und die kleine, luxuriös ausgestattete Cocktailbar
Bijoux. Gegen Ende der achtziger Jahre entstehen die wahren Kultstätten des modernen Designs: der Otto-Zutz-Club, in umgebauten, über mehrere Etagen verteilten,
früheren Werkstätten; das Nick Havanna mit seinem festlich-verspielten Ambiente;

HOTEL DE LAS ARTES
Skidmore, Owings & Merrill; Frank O. Gehry,
1986–1992
Passeig de Carles I

Teil der umfassenden Projektierungen im
Vorfeld der Olympiade war auch die Pla-
nung von zwei Hochhaustürmen am
neuen Puerto Olímpico. Der Entwurf zu
dem Fünf-Sterne-Hotel stammt von Bruce
Graham vom Chicagoer Büro Skidmore,
Owings & Merrill, einem Altmeister der
Wolkenkratzer; das gegenüberliegende
Bürohochhaus entwarfen Iñigo Ortiz und
Enrique León.

251

WOHNBLOCK

José Luis Mateo, 1984–1990
Carrer de Bilbao, Poble Nou

und das Restaurant Network, mit seiner kühlen Weltstadtästhetik. In dieser Liste sollte auch ein kleines China-Restaurant nicht fehlen: das Pekín. Was danach kommt, sinkt auf ein manieristisches Niveau ab. Lediglich einige wenige Lokale wie das prächtige Zsa Zsa mit seinem Bühnenbild-Look, die neotraditionelle Casa Fernández oder das Restaurant Tragaluz heben sich davon ab.

Damit schließen diese Betrachtungen zur Architektur Barcelonas. Betrachtungen, deren Ziel es war, sowohl die Ebene der Stadtplanung – mit einem so umfassenden, gelungenen Beispiel wie dem Cerdà-Plan und einem so ehrgeizigen Wagnis wie dem olympischen Barcelona – zu behandeln als auch der kleiner dimensionierten Welt der Interieurs, der Dekoration und des Mobiliars Beachtung zu schenken. Die Handhabung verschiedener Dimensionen bei der kreativen Gestaltung von Raum und Umfeld in Barcelona fällt dem Betrachter immer wieder ins Auge. Trotzdem bleiben noch zahlreiche Herausforderungen für die Stadt und ihre Umgebung bestehen, denen sie sich stellen muß. Dazu gehört der Landschaftsschutz mit dem Ziel, bestehende Landschaftsbilder zu erhalten, neue Lebensräume zu schaffen und den Raubbau vorangegangener Jahrzehnte zu beheben; die Schaffung geeigneter Räume für kulturelle Aktivitäten; die Kontrolle des ungestümen Vordringens des Dienstleistungssektors in die Stadt und der Kampf gegen die Reduzierung des vielschichtigen Stadtorganismus auf die Monotonie der Bürowelt; und schließlich die Verbesserung der Lebensbedingungen durch die Sanierung eines großen Teils des Wohnungsbestandes, der lange vernachlässigt worden war. Letztendlich muß es Barcelona gelingen, seine Lebensqualität zu verbessern und seinen Weg in die Modernität fortzusetzen, ohne dabei die Züge einer Stadt zu verlieren, die mit großer Liebe zum Detail aus kleinen Fragmenten zusammengesetzt wurde, einer Stadt, die lebt und in der alle sozialen Schichten ihren Platz finden.

OLYMPIASTADION

Federico Correa, Alfonso Milà, Carles Buxadé,
Joan Margarit, Vittorio Gregotti, Pedro Ibáñez,
1986–1989
Montjuïc

Das Olympiastadion in Barcelona, 1929 am Montjuïc erbaut, sollte 1936 Austragungsort des begehrten internationalen Sportwettbewerbs sein. Doch der Zuschlag ging damals an Berlin. Und auch die Olímpiada Popular, die sich in Barcelona aus Protest gegen Hitlers Politik formierte – jüdische und kommunistische Sportler durften für Deutschland nicht an den Start gehen –, wurde im letzten Moment durch den Putsch des Generals Franco vereitelt. 1992 kommt dieses Stadion nun verspätet doch noch zu Ruhm und Ehre. Das Wissen um die Bedeutung dieses Ortes veranlaßte die Architekten, bei der notwendigen Erweiterung die historische Fassade und das Portal original zu erhalten. Durch das Absenken des Sportfeldes wurde Raum für weitere gestaffelte Tribünen geschaffen, die heute insgesamt 60 000 Sitzplätze bieten. Im Zuge dieser Erweiterung nahm man natürlich auch zahlreiche Umbauten vor, um eine Infrastruktur zu gewährleisten, die den aktuellen Kommunikationsbedürfnissen ebenso genügt wie den Ansprüchen an Sicht und Sitzkomfort. Heute zählt Barcelonas Olympiastadion wieder zu den modernsten und imposantesten Sportarenen der Welt.

PALAU SANT JORDI
Arata Isozaki, 1984–1990
Montjuïc

Unmittelbar neben dem Olympiastadion gelegen, gehört dieser Sportpalast sicherlich zu den Sinnbildern des olympischen Barcelona von 1992.
Die Halle wurde als Mehrzweckanlage konzipiert, verfügt über eine 200-Meter-Bahn und kann auch für Eissportveranstaltungen genutzt werden. Ebenso können hier Ausstellungen oder Konzerte stattfinden. Die Zuschauereingänge liegen am großen Platz zwischen dem Olympiastadion und dem Palau, die Zugänge für Sportler, Presse und Service auf dem tieferliegenden Niveau der Südseite. Spektakulär wurde die Konstruktion der Kuppel gelöst, die zunächst komplett am Boden montiert und dann mit hydraulischen Hebewinden in ihre endgültige Position gebracht wurde. Die Form bezieht sich auf die Bergkuppe des Montjuïc.

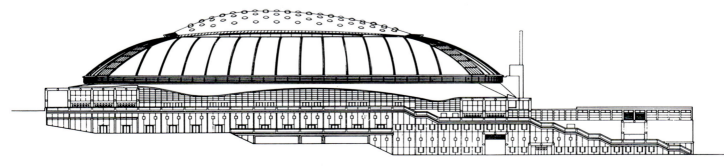

PALAU SANT JORDI
Mehrzweckhalle und Vorplatz

TELEKOMMUNIKATIONSTURM

Norman Foster, 1989–1992
Collserola

Der Entwurf des Turms folgt der Philosophie Norman Fosters, größtmögliche Wirkung mit minimalem strukturellem Aufwand zu erreichen. Ausgangspunkt der Konstruktion ist ein Mast mit geringem Durchmesser, der an einen Schiffsmast oder eine Fahnenstange erinnert. Drei vertikale Stahlträger, die in einem Winkel von 120 Grad zueinander stehen, stützen den Kern, drei Trossen sind im Berg verankert. Dieses Stütz- und Zugsystem bildet das Skelett, in das die verschiedenen Ebenen und Plattformen eingehängt sind.
Die Ausgangsform – ein gleichschenkliges Dreieck mit gewölbten Seiten – wurde bewußt so geplant, daß sie sehr geringen Windwiderstand bei größtmöglichem Widerstand gegen Schwankungen, Drehungen und Vibrationen gewährleistet. Beachtliche Aufmerksamkeit wurde der Sicherheit und der Wartung gewidmet. So sind Aufzugsschächte, Treppen und Kabelführungen an der Außenseite des Turmes angebracht, um einen leichten Zugang zu ermöglichen. Die Zugseile, die die Hauptspannung aushalten, wurden so konstruiert, daß bis zu einem Drittel der Kabel, aus denen sie bestehen, entfernt werden kann, ohne dabei die Stabilität des Turmes zu gefährden.

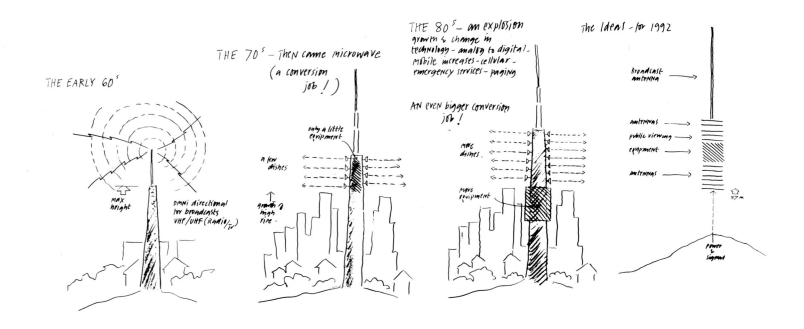

260

LAGERHALLE »GRUPO ROSA«
Alfredo Arribas, Miguel Morte, 1989–1990
Longitudinal 7, parcella 19 F, Mercabarna

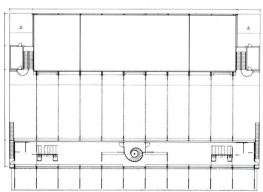

TORRES DE AVILA

Alfredo Arribas, Javier Mariscal, Miguel Morte,
1989–1990
Poble Espanyol, Avinguda del Marquès
de Comillas

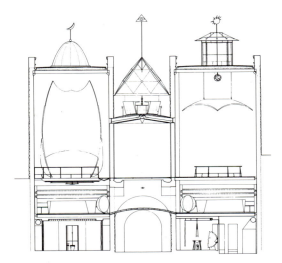

TORRES DE AVILA
Bar im Mondturm (links), Bar im Sonnenturm

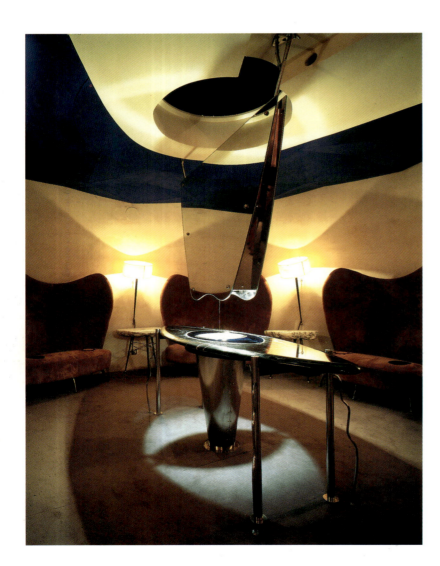

TORRES DE AVILA
Vorraum zur Herrentoilette; Treppenaufgang

Der Nachbau des Stadttors von Avila entstand zur Weltausstellung von 1929 und ist Ein- und Ausgang des beschaulichen Poble Espanyol mit Rekonstruktionen der schönsten Bauwerke Spaniens.
Vom Innenhof dieses spanischen Dorfes aus betrachtet, fällt dem Besucher zunächst nur die Glaspyramide zwischen den wuchtigen Türmen auf. Mit dem Gebäude betritt man jedoch eine Welt des visuellen Abenteuers. Die strenge Vorgabe der Außenmauern führte Alfredo Arribas und Javier Mariscal zur Idee eines Sonnen- und eines Mondturms. Aus der Martialität der Festungsmauern ist im Innern ein Spiel der Geschlechter geworden: attributiv symbolisiert La Torre del Sol die maskuline Variante, La Torre de la Luna die weibliche.
Offen, klar und imposant der Sonnenturm: Eine Theke schmiegt sich in die Rotunde des Turms, darüber liegt ein kreisrunder Etagendurchstich, der den Blick in die lichte Höhe des Raumes freigibt. Unter der Turmdecke, in der Mitte eines gewölbten Vierecks, bewegt sich eine auf- und abfahrbare Kugel, die Lichtpunkte über die Wände gleiten läßt. Das plauschige Mobiliar ist wie der ganze Raum in erdigen, hellen Brauntönen gehalten.
Der Mondturm ist kontrapunktisch angelegt. Über der Theken-Rotunde befindet sich hier statt eines Durchstichs wie im Sonnenturm eine runde Galerieetage. Die Sitzgruppe dieser Galerie ist von einem weißen, zur Raummitte geöffneten Wandmantel umwölbt, der sich in einen computergesteuerten, planetarischen Nachthimmel verwandeln läßt. Durch Leuchtfasern erscheint die Außenwand des Mantels wie von einem illuminierten Efeu bewachsen. Die schier unerschöpflichen Symbolspiele Mariscals sind zahllos im Gebäude verteilt bis hin zur Dachterrasse, deren Aufbauten mit den Insignien von Sonne und Mond gekrönt sind.

NETWORK

Alfredo Arribas, Eduardo Samsó, 1986–1987
Avinguda Diagonal 616

Ein großes rundes Loch verbindet die drei Geschosse des Network-Café mit Bar und Restaurant wie eine kommunizierende Röhre. Monitore, auf denen pausenlos Filme wie »Blade Runner«, »Mad Max« oder »Brazil« laufen, bestimmen das postnukleare Ambiente.
Die Diskothek Otto Zutz nutzt die Räume einer ehemaligen Fabrik, neu hinzugekommene Einbauten sind der Industriearchitektur angepaßt.

OTTO ZUTZ

Guillem Bonet, Alicia Núñez, Jordi Parcerisas,
1985
Carrer de Lincoln 15

NICK HAVANNA

Eduardo Samsó, Peret (Grafik), 1985–1986
Carrer del Rosselló 208

Mit der Gestaltung der Bar Nick Havanna gelang Eduardo Samsó der Durchbruch. Höhepunkte des tiefen, großen Raumes sind das effektvolle Lichtspiel einer Kuppel und eine Monitorwand mit aktuellen Nachrichten, Filmsequenzen und Videoclips. Zur Ausstattung gehören auch Faxgeräte und ein mit Taschenbüchern bestückter Münzautomat.

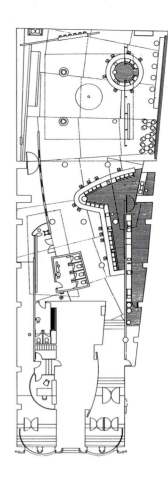

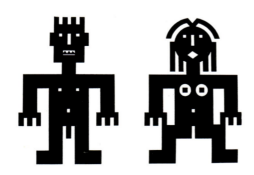

ZSA ZSA

Daniel Freixes, Vicente Miranda, 1988–1989
Carrer del Rosselló 156

Das Besondere an dieser Musikbar sind die gekonnte Lichtregie und die Effekte der flächigen, reflektierenden Glasscheiben, die die Enge des schlauchförmigen Raumes geschickt überspielen. Die Teppich-Collage aus klassischen Mustern stammt von Peret.

VELVET

Alfredo Arribas, Miguel Morte, 1987
Carrer de Balmes 161

MARCEL

Eduardo Samsó, 1987
Avinguda Diagonal 472

LURDES BERGADA (rechts)

Eduardo Samsó, 1989
Avinguda Diagonal 609–615

Eduardo Samsó legt bei der Gestaltung seiner Projekte besonderen Wert auf ein harmonisches und sinnvolles Zusammenspiel von Benutzer, Raumgliederung und Mobiliar. Er bevorzugt unbearbeitete, manchmal auch fehlerhafte Materialien in naturbelassenen Farben und Oberflächen, die er in weiche, gerundete Formen und effektvolle Kombinationen bringt. Samsó greift aber ebensogerne auf katalanische Traditionen zurück, etwa bei der Verkleidung von Wänden mit Mosaiksteinchen aus Kachelbruch, wie im Friseursalon »Marcel« in der Einkaufspassage Boulevard Rosa. Aus Platzgründen wurde hier auf der Eingangsetage nur eine Rezeption und eine Wendeltreppe untergebracht, die in das Untergeschoß zum eigentlichen Ort des Geschehens führt.

In einem weniger attraktiven Umfeld an der Avinguda Diagonal liegt das Modegeschäft »Lurdes Bergadà«: ein kleiner Laden mit Dielenboden, Draperien aus blauem Samt und wenigen, gezielt gesetzten Ausstattungsstücken, die an japanische Interieurs erinnern.

CASA BERENGUER D'AGUILAR
MUSEU PICASSO

Jordi Garcés, Enric Sòria, 1981–1987
Carrer de Montcada 15

Das Haus des Adeligen Joan Berenguer d'Aguilar entstand im 15. Jahrhundert, wahrscheinlich unter Beteiligung des Baumeisters Marc Safont, und wird seit Anfang der sechziger Jahre als Museum für Werke von Pablo Picasso genutzt. Durch die Einbeziehung benachbarter Paläste wurde es inzwischen von Garcés und Sòria sehr gelungen erweitert und umgebaut.

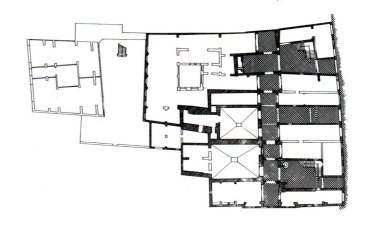

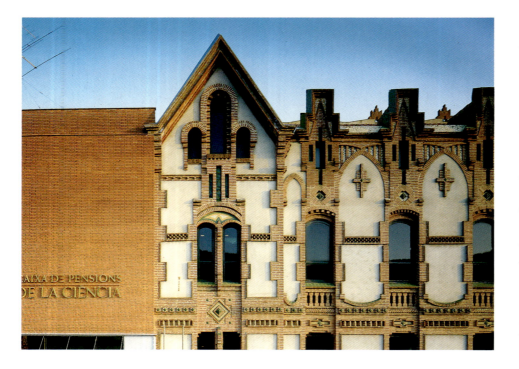

MUSEU DE LA CIENCIA

Josep Domènech i Estapà, 1904–1909; Jordi Garcés, Enric Sòria, 1979–1980; Alfredo Arribas, Miguel Morte, Javier Mariscal, 1989
Carrer de Teodor Roviralta 55

Das Ende der siebziger Jahre projektierte Wissenschaftsmuseum nutzt das ehemalige Altenheim Amparo de Santa Lucia von Josep Domènech i Estapà. An den langgestreckten Altbau anschließend, entstand die Erweiterung von Garcés und Sòria, die sich an der schönen alten Fassade orientiert und ihre Gliederung gelungen neuinterpretiert. Die Arbeit ist beispielhaft im Bereich des Fassadenausbaus.
Beispielhaft ist auch die Ausstattung dieses Museums, das eindeutig auf eine sinnliche Vermittlung setzt, angefangen von Installationen zu Phänomenen der Optik oder Experimenten zur Kinetik bis hin zu olfaktorischen Erlebnissen an »Schnüffeltheken«. Dabei ist alles so angelegt, daß es auch heftiger Beanspruchung standhält.
1989 richteten Arribas, Morte und Mariscal im Erdgeschoß »El Clic dels Nens« – ein buntes Paradies des spielerischen Lernens – für die jüngsten Besucher des Museums ein (rechts).

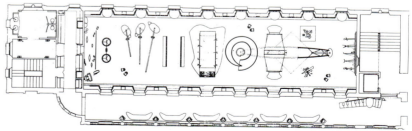

GYMNASIUM

Joan Amigó Barriga, 1906–1919; Enric
Miralles, Carme Pinós, 1984–1986
Badalona, Barcelona

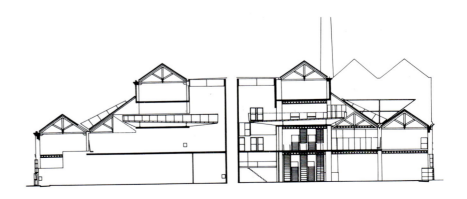

Bei diesem Projekt handelt es sich um den Umbau der ehemaligen Fabrik La Llauna zu einem Gymnasium. Die Arbeit ist vom Respekt gegenüber der Industriearchitektur geprägt und zeigt gleichzeitig deutlich dekonstruktivistische Elemente. Enric Miralles und Carme Pinós verfolgen diesen Stil rigoros und kreativ. Absichtlich spiegeln Räume und Einbauten die aggressive Ästhetik der Straße und der Vororte der Großstadt wider.

INSTITUT MARTI I POL

Eduard Bru, José Luis Mateo, 1981–1983
Sta. Coloma de Gramanet, Barcelona

SCHULE »DE LA CONCEPCION«

Pep Zazurca, 1988–1990
Carrer Bruc 102

SCHULE »JOSEP MARIA JUJOL«

Josep Maria Jujol, 1916–1918; Jaume Bach,
Gabriel Mora, 1984–1987
Carrer de la Riera de Sant Miquel 39

Wie beim Gymnasium in der ehemaligen
Fabrik La Llauna handelt es sich auch hier
um den Umbau eines Industriekomplexes.
Josep Maria Jujol hatte die Werkhallen, in
denen früher Tresore hergestellt wurden,
für den Fabrikanten Mañach errichtet.
Heute werden sie als Pausenhof und für
Versammlungen genutzt.

NATIONALTHEATER

Ricardo Bofill, Taller de Arquitectura,
1989–1992
Plaça de les Glòries

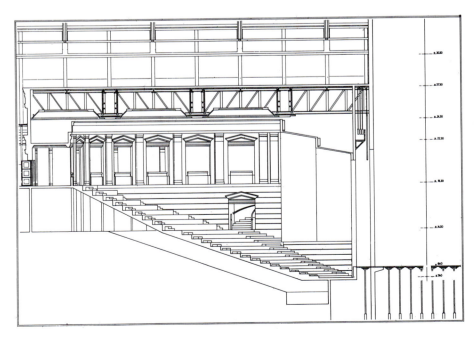

MUSEUM FÜR ZEITGENÖSSISCHE KUNST

Richard Meier, Thomas Phifer, 1987–1992
Carrer Montalegre 7, Plaça del Angels

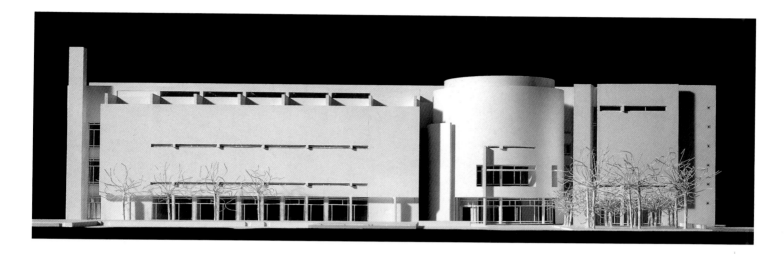

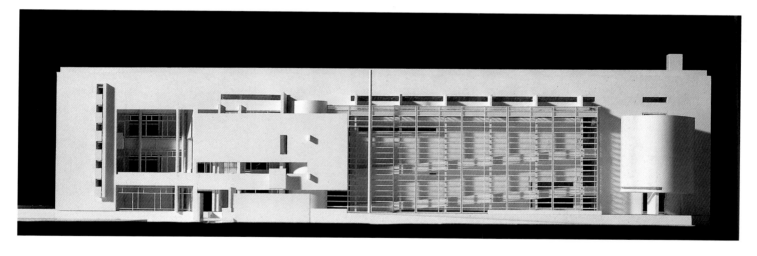

Derzeit entsteht an der Plaça de les Glòries, dem Schnittpunkt der wichtigen Verkehrsachsen Gran Via de les Corts Catalanes, Avinguda Diagonal und Avinguda Meridiana, das größte Kulturzentrum Barcelonas, das Teatre Nacional de Catalunya, aus zwei voneinander unabhängigen Gebäudekomplexen: einem Auditorium nach Plänen von Rafael Moneo und einem Theaterbau von Ricardo Bofill.
Bofills Entwurf geht von drei Trakten aus: einer lichten Vorhalle mit palmengesäumten Zugängen, der sogenannten Casa und dem eigentlichen Theatersaal, der 1500 Besucher fassen wird. Die Ränge des halbkreisförmigen Zuschauerraums sind stark geneigt, auf Logen und Balkone wurde ganz verzichtet.
Das Museu d'Art Contemporani in der Altstadt Barcelonas soll eine Vermittlerrolle zwischen dem geschichtsträchtigen Umfeld der Casa de la Caritat, deren Baugeschichte bis ins 14. Jahrhundert zurückreicht, und der zeitgenössischen Kunst, die hier präsentiert wird, übernehmen. Der Entwurf des Amerikaners Richard Meier zeigt einen konsequent modernen Bau, der – anders als das Theater von Ricardo Bofill – keiner platten Stilanleihen bedarf. Die Vermittlung wird vielmehr über klar definierte Volumen und ausbalancierte Fassaden hergestellt. Die Planungen versprechen ein Meisterwerk, das an das High Museum of Art in Atlanta, Georgia, und an das Museum für Kunsthandwerk in Frankfurt am Main anknüpft.

ANHANG

ANMERKUNGEN

1 Círculo de Economía, Gestión o Caos. El area metropolitana de Barcelona, Ariel, Barcelona, 1973

2 Josep-Maria Montaner, La modernizació de l'utillatge mental de l'arquitectura a Catalunya [1714–1859], Institut d'Estudis Catalans, Barcelona, 1990

3 Manuel Arranz, Mestres d'obres i Fusters. La construcció a Barcelona en el segle XVIII, Collegi d'Aparelladors i Arquitectes Tècnics de Barcelona, Barcelona 1991

4 Pere Hereu »L'edifici de la Universitat, testimoni de l'urbanisme del seu moment históric« in Elias Rogent i la Universitat de Barcelona, »Generalitat« de Catalunya / Universitat de Barcelona, Barcelona 1988

5 Albert Garcia i Espuche und Manuel Guàrdia i Bassols, Espai i societat a la Barcelona pre-industrial, Verlag La Magrana, Barcelona, 1986

6 Ildefonso Cerdà, Teoría General de la Urbanización. Reforma y »Eixample« de Barcelona, Instituto de Estudios Fiscales, Barcelona, 1968; und 2 C. Construcción de la ciudad Nr. 6–7, 1977, das Cerdà gewidmet ist; Josep-Maria Montaner, »The Cerdà Plan« in Catalonia Culture Nr. 3, 1987

7 Oriol Bohigas, Barcelona. Entre el barraquisme i el Pla Cerdà, Edicions 62, Barcelona, 1963

8 Manuel de Solà-Morales [Laboratorio de Urbanismo], Los »Eixample«s I. El »Eixample« de Barcelona, Escola Tècnica Superior d'Arquitectura, Barcelona, 1978

9 Albert Garcia Espuche, El quadrat d'or. Centre de la Barcelona modernista, Olimpiada Cultural y Lunwerg, Barcelona, 1990

10 Manuel Guàrdia, Albert Garcia Espuche, José Luís Oyon und Francisco Javier Molins, »La dimensió urbana« in Arquitectura i Ciutat a l'exposició universal de Barcelona 1888, Universitat Politècnica de Catalunya, Barcelona, 1988

11 José Corredor-Matheos und Josep-Maria Montaner, Arquitectura industrial en Cataluña. De 1732 a 1929, Caja de Barcelona, Barcelona, 1984

12 Francesc Cabana, Assumpció Feliu, Can Torras dels ferros: 1876–1985, ohne Verlag, Barcelona, 1987

13 Jeroni Martorell, Estructuras de ladrillo y hierro atirantado en la arquitectura catalana moderna, Anuario de Arquitectos, Barcelona, 1910

14 Pere Hereu, L'Arquitectura d'Elies Rogent, Collegi d'Arquitectes de Catalunya, Barcelona, 1986

15 Cuadernos de Arquitectura Nr. 52–53, 1963, gewidmet »Domènech i Montaner«; A. A. V. V. Lluís Domènech i Montaner. En el 50e Aniversari de la seva mort. 1850–1923, Lluis Carulla, Barcelona, 1973

16 Mireia Freixa, El modernismo en España, Cátedra, Madrid, 1986

17 Henry-Russell Hitchcock, Arquitectura de los siglos XIX y XX, Cátedra, Madrid, 1981

18 Xavier Güell, Antoni Gaudí, Verlag Gustavo Gili, Barcelona, 1986

19 Le Corbusier, J. Gomis und J. Prats, Gaudí, Editorial de Arquitectos de Cataluña y Baleares, Barcelona, 1975

20 Joan Bassegoda Nonell, Los maestros de obras de Barcelona, Verlag Técnicos Asociados, Barcelona, 1973; Josep-Maria Montaner, L'ofici de l'arquitectura, Universitat Politècnica de Catalunya, Barcelona, 1983

21 Oriol Bohigas, Reseña y Catálogo de la arquitectura modernista, Lumen, Barcelona, 1973

22 Ignasi de Solà-Morales, Joan Rubió i Bellver y la fortuna del gaudinismo, Colegio Oficial de Arquitectos de Cataluña y Baleares, Barcelona, 1975

23 Quaderns Nr. 179–180, 1989, Barcelona, gewidmet »Josep Maria Jujol, arquitecte. 1879–1949«; Ignasi de Solà-Morales, Jujol, Polígrafa, Barcelona, 1990; Oriol Bohigas, »Josep Maria Jujol« in Once Arquitectos, La Gaya Ciencia, Barcelona, 1976

24 Josep-Maria Montaner, »Puig i Cadafalch, la legitimació de l'arquitectura«, in EL PAIS, Barcelona, 7. Dezember 1989

25 Quaderns d'Arquitectura i Urbanisme Nr. 113, 1976, gewidmet dem »Noucentisme: la arquitectura de la ciudad«

26 Josep-Maria Rovira, Xavier Güell und Xavier Pouplana, Memòria Renaixentista en l'arquitectura catalana [1920–1950], Collegi Oficial d'Arquitectes de Catalunya i Balears, Barcelona, 1983

27 Ignasi de Solà-Morales, La Exposición Internacional de Barcelona 1914–1929: Arquitectura y Ciudad, Feria de Barcelona, Barcelona, 1985

28 Nicolau-Maria Rubió i Tudurí, El jardin meridional. Estudio de su trazado y plantación, Salvat Verlag, Barcelona, 1934; und Nicolau-Maria Rubió, Acta, Kulturausschuß des Colegio Oficial de Aparejadores y Arquitectos Técnicos, Murcia, 1984

29 Francesc Roca, El Plà Macià, Verlag La Magrana, Barcelona, 1977

30 Francesc Roca, Ignasi de Solà-Morales (Hrsg.) A. C./GATEPAC. 1931–1937, Verlag Gustavo Gili, Barcelona, 1975

31 Oriol Bohigas, Arquitectura española de la Segunda República, Tusquets Verlag, Barcelona, 1970

32 Ernesto Katzenstein, Gustavo Natanson und Hugo Schuartzman, Antonio Bonet. Arquitectura y urbanismo en el Rio de la Plata y España, Espacio, Buenos Aires, 1985

33 A. A. V. V., Antoni de Moragas Gallissà. Homenatge, Verlag Gustavo Gili/FAD, Barcelona, 1989

34 Carlos Fochs (Hrsg.), José Antonio Coderch de Sentmenat. 1913–1984, »Generalitat« de Catalunya, Barcelona, 1988

35 Antonio de Moragas, »Deu anys del Grup R« in Serra d'Or Nr. 11–12, 1961, Barcelona

36 Oriol Bohigas »Una posible Escuela de Barcelona« in Contra una arquitectura adjectivada, Seix Barral, Barcelona, 1982

37 Josep-Maria Montaner »España« in Leonardo Benévolo, Historia de la Arquitectura Moderna, Verlag Gustavo Gili, Barcelona, 1982

38 Helio Piñon, Arquitecturas catalanas, La Gaya Ciencia, Barcelona, 1977

39 Josep-Maria Montaner »Surveying Catalan Architecture, 1951–1987« in Sites Nr. 20, New York, 1988

40 A. A. V. V. Plans i projectes per a Barcelona. 1981–1982, Ajuntament de Barcelona, Barcelona, 1983; und Oriol Bohigas, Reconstrucció de Barcelona, Edicions 62, Barcelona, 1985

41 Josep-Maria Montaner »Barcelone ou la course du siècle« in Metropol 90, Pavillon de l'Arsenal, Paris, 1990

42 Franco Rella »Figure nel laberinto. La metamorfosi di una metafora« in Peter Eisenman, La fine del classico, CLUVA, Venedig, 1987

43 A. A. V. V. La ciutat i el 92, Holsa y Olímpiada Cultural, Barcelona, 1990

44 Claude Lévi-Strauss, Tristes Trópicos, Editorial Universitaria de Buenos Aires, Buenos Aires, 1970

45 Martorell, Bohigas, Mackay, Puigdomènech, Vila olímpica. Transformación de un frente marítimo. Verlag Gustavo Gili, Barcelona, 1988; A&V. Monografías de Arquitectura y Vivienda, Nr. 22, gewidmet »Barcelona 1992. Vila olímpica«, Madrid, 1990; und Lotus internacional Nr. 67, gewidmet »I grandi progetti di transformazione«, Mailand, 1990

46 William J. R. Curtis (Einführung), Carlos Ferrater, Verlag Gustavo Gili, Barcelona, 1989

47 Josep-Maria Montaner »Palau Sant Jordi. Valoración de un gran premio« in Diseño Interior Nr. 6, Madrid, 1991

48 Quaderns Nr. 188–189, »Guia d'Arquitectura contemporània. Barcelona i la seva àrea territorial, 1928–1990«, 1991

49 Arees de Nova Centralitat. New downtowns in Barcelona, Ajuntament de Barcelona, Barcelona, 1987

50 Barcelona. Espais i escultures (1982–1986), Ajuntament de Barcelona, 1987

51 Oriol Bohigas (Einführung), Gracés/Soria, Verlag Gustavo Gili, Barcelona, 1987

52 Josep-Maria Montaner »The optimism of geometry« in Sites Nr. 24, New York, 1992

LITERATUR

Josep Emili Hernàndez-Cros, Gabriel Mora, Xavier Pouplana, Arquitectura de Barcelona, Collegi d'Arquitectes de Catalunya, Barcelona 1989

Catàleg del Patrimoni Arquitectònic Històrico-Artistic de la Ciutat de Barcelona, Ajuntament de Barcelona

Richard C. Levene, Fernando Márquez Cecilia, Antonio Ruiz Barbarin, Arquitectura espanola contemporanea. 1975—1990, El Croquis Editorial, Madrid 1989

La Arquitectura de los años cincuenta en Barcelona, Ayuntamiento de Barcelona, 1987

Xavier Güell (Hrsg.), Spanische Architektur der achtziger Jahre, Berlin 1990

Volker Fischer, Eduard Bru i Bistuer, Neue Architekturtendenzen. Barcelona, Berlin 1991

Oriol Bohigas, Peter Buchanan, Vittorio Magnago Lampugnani, Barcelona. Arquitectura y Ciudad 1980—1992, Barcelona 1992

Catalunya, la fàbrica d'Espanya. Un segle d'industrialització catalana. 1833—1936, Ajuntament de Barcelona, Generalitat de Catalunya, Barcelona 1985

Design in Catalonia, BCD Barcelona Design Centre, 1988

Lluís Domènech i Montaner i el Director d'Orquestra, Fundació Caixa Barcelona, 1989

Exposició Universal de Barcelona. Llibre del Centenari 1888—1988, Barcelona 1988

Carlos Flores, Gaudí, Jujol y el Modernismo Catalan, Madrid 1982

Rainer Zerbst, Antoni Gaudí, Köln 1987

José Llinàs, Jordi Sarrà, Josep Maria Jujol, Köln 1992

Jaume de Puig, Antoni González, Raquel Lacuesta, Josep M. Moreno, M. Gràcia Salva, Ramon Manent, El Palau Güell, Diputacio de Barcelona, 1990

Antoni Sàbat, Palau de la Música Catalana, Barcelona 1974

Josep Puig i Cadafalch: l'arquitectura entre la casa i la ciutat, Fundació Caixa de Pensions, 1989

Peter Dutli, Jörg Esefeld, Pierre Kreis, Neue Stadträume in Barcelona. Stadterneuerung durch Plätze, Parkanlagen, Straßenräume und Skulpturen, Zürich 1991

ARCHITEKTEN

Aalto, Alvar 210, 213, 229
Amadó i Cercós, Roser 6, 68
Arribas, Alfredo 263 f., 268, 270, 275, 280
Arriola i Madorell, Andreu 247
Asplund, Gunnar 213
Aulenti, Gae 191

Bach, Jaume 105, 107, 239, 286
Baixeras, Angel Josep 158, 183
Balcells i Buigas, E. M. 142
Baldrich, Manuel 57
Barba i Corsini, Francesc Joan 151
Bargués, Arnau 9
Barragán, Luis 213
Barriga, Joan Amigó 282
Bassó i Birulés, Francesc 213, 224, 229
Belgiojoso, Ludovico 215
Berenguer, Francesco 99
Berlage, Hendrick Petrus 55
Blay, Pere 9, 23
Bofill i Leví, Ricardo 217, 234, 249, 288 f.
Bohigas i Guardiola, Oriol 213, 215, 219,
    221, 228 f., 239, 249, 251
Bonell i Costa, Esteve 221, 247
Bonet, Guillem 271
Bonet i Castellana, Antoni 210, 231
Bonet i Ferrer, Vicenç 215
Bonet, Pep 192, 221
Bru, Eduard 284
Brunelleschi, Filippo 172
Buïgas i Monravà, Gaietà 48
Buïgas i Sans, Carles 187, 190
Buxadé, Carles 254
Buixerau, Josep 21 f.
Busquets i Sindreu, Xavier 213, 221

Calatrava, Santiago 249
Calvet, Arau 116
Calzada, Ramon 187
Canosa, Josep Lluís 245
Cantallops i Valeri, Lluís 215
Carbonell, Antoni 11
Carbonell, Guillem 11
Cardellach, Fèlix 162, 166
Cases i Lamolla, Manuel 183
Catà i Catà, Enric 175, 191
Celles, Antoni 21
Cendoya, Pedro 134, 175, 191
Cerdà i Suñer, Ildefons 23, 25, 28, passim
Cermeño, Juan Martín 18 f.
Cirici i Alomar, Cristià 197, 221
Coderch de Sentmenat, José Antonio 213,
    219, 221, 229
Conill, Bonaventura 116
Cornet i Mas, Josep Maria 64 f.
Correa, Ruiz Federico 215, 254

Díaz i Gómez, Carles 132, 134, 138
Domènech i Estapà, Josep 114, 280
Domènech i Girbau, Lluís 67
Domènech i Montaner, Lluís 42, 55, 66 f.,
    70, 73, 92, 119 f., 122, 125, 131 f., 134,
    137 f., 215
Domènech i Roura, Pere 119
Duiker, Johannes 213
Duran i Reynals, Raimon 172, 181

Eisenman, Peter 221
Eyck, Aldo von 213

Fàbregas, Joan 21
Falqués i Urpí, Pere 32, 58 f.
Fargas i Falp, Josep Maria 215
Fernandez i Janot, Telm 58
Ferrater i Lambarri, Carles 245, 247
Ferres i Puig, Eduard 142
Figueras, Elisabeth 245
Fiol, Carme 247
Florensa i Ferrer, Adolf 11, 175
Fochs, P. 58
Folguera i Grassi, Francesc 177, 180 f.
Font i Carreras, August 53, 161
Fontserè i Mestres, Josep 44 f., 53, 64, 73
Forestier, Jean Claude Nicolas 181, 192
Foster, Norman 247, 260
Freixes, Daniel 274

Galí i Camprubí, Elisabeth 244, 249
Garcés i Brusés, Jordi 251, 279 f.
Garnier, Tony 175
Garriga i Roca, Miquel 23 ff., 31
Gärtner, Friedrich von 66
GATCPAC 183, 185, 203 ff., 210, 213
GATEPAC 183
Gaudí i Cornet, Antoni 34, 44 f., 72 ff.,
    78 ff., 88, 90 ff., 94 f., 98, 144 ff., 151 f.,
    175, 181, 217
Gehry, Frank O. 251
Gili i Moros, Joaquim 213, 224, 229
Goday i Casals, Josep 174 f.
Graham, Bruce 251
Granell, Jeroni 53
Gregotti, Vittorio 254
Guardia i Vial, Francesc 70
Guastavino i Moreno, Rafael 57, 61
Guimard, Hector 98

Hejduk, John 221
Hilberseimer, Ludwig 185
Homs i Moncusi, Lluís 142
Horta, Victor 98

Ibáñez, Pedro 254
Illescas i Mirosa, Sixte 183
Isozaki, Arata 247, 256

Jaussely, Leon 25, 175, 178, 183
Jujol, Josep Maria 99, 145, 152, 286

Klenze, Leo von 66
Klerk, Michel de 229
Kramer, Pieter Lodewijk 229

Le Corbusier 91, 183, 185, 203, 205, 210,
    229, 232
León, Enrique 251
Lllimona i Bruguera, Josep 192
Llinàs i Carmona, José 194, 239
Llobet, Pere 9
Lloret i Homs, Joaquim 200

Mackay, David 215, 221, 228 f., 249, 251
Mackintosh, Charles Rennie 73
Margarit i Consarnau, Joan 254
Mariscal, Javier 264, 268, 280
Martínez i Paricio, Pelagi 194
Martínez Lapeña, José Antonio 244, 251
Martorell i Codina, Josep Maria 213, 215,
    219, 221, 228 f., 249, 251

Martorell, Joan 53
Mas, Agustí 142
Mas i Morell, Ignasi 161
Mas i Vila, Josep 9, 23, 62
Massanés, Josep 22
Mateo, José Luis 252, 284
May, Ernst 185
Meier, Richard 251, 289
Mestres i Esplugas, Josep Oriol 31, 53
Mies van der Rohe, Ludwig 175, 196, **197**, 229
Milà i Sagnier, Alfonso 215, 254
Miralles i Moya, Enric 247, 249, 282 f.
Miranda i Blanco, Vicenç 274
Molina i Casamajó, Francesc Daniel 23, 34 f.
Moneo, Rafael 249, 289
Mora, Gabriel 105, 107, 239, 286
Moragas, Antoni de 210, 213
Morris, William 91
Morte, Miguel 263 f., 275, 280

Nadal, Lluís 215
Neutra, Richard 229
Nogués i Cases, Xavier 177, 181
Núñez, Alicia 271

Ortiz, Iñigo 251

Parcerisas, Jordi 271
Paredes, Francisco 18
Paricio i Ansuategui, Ignasi 45
Pau, Marià 167
Peña Ganchegui, Luis 239
PER, Studio 70, 215, 221
Peressutti, Enrico 215
Pericas, Enric 247
Pevsner, Nikolaus 210
Phifer, Thomas 289
Piñón Pallarés, Helio 221, 239, 249, 251
Pinós, Carme 247, 282 f.
Plantada i Artigas, Josep 131
Ponti, Gio 210
Puig, Ramon Maria 215
Puigdefàbregas i Baserba, Pere 215
Puigdomènech i Alonso, Albert 249
Puig i Cadafalch, Josep 71, 92, 99 f., 105, 107, 111, 113, 175, 190
Puig i Gairalt, Antoni 198
Puig i Torné, Josep 231

Quaroni, Ludovico 215
Quintana, Marius 249

Ramos i Galino, Ferran 197
Raspall i Mayol, Manuel Joaquim 168
Reventós i Farrarons, Ramon 177, 181
Rius i Camps, Francesc 239, 247
Roda, Josep R. 187
Rodrigo i Dalmau, Jaume 215
Rodriguez Arias, Germán 183, 185
Rogent i Amat, Elies 23, 38, 55, 61, 66, 249
Rogers, Ernesto Nathan 215
Roncali, Miquel de 22
Rossi, Aldo 221
Ros i Güell, Antoni 164
Roth, Alfred 210
Rovira i Trias, Antoni 23, 25, 65
Rubió i Bellvé, Joan 57, 99, 181

Rubió i Tudurí, Nicolau Maria 172, 181
Ruiz i Casamitjana, Adolf 143
Ruskin, John 73, 91

Sabater, Leandre 215
Safont, Marc 9, 279
Sagnier i Villavechia, Enric 53, 159
Samsó, Eduardo 270, 272, 276
Sànchez i Domènech, Ignasi 181
Sanz, Josep Maria 58
Sartoris, Alberto 210
Serrano de Casanova, Eugenio 38, 40
Sert i López, Josep Lluís 183, 203, 210, 232
Skidmore, Owings & Merrill 247, 251
Solans, Josep Antoni 239
Solà Morales i Rubió, Ignasi de 32, 197
Soler i Faneca, Joan 21
Soler i Ferrer, Tomàs 21
Sòria i Badia, Enric 251, 279 f.
Sostres i Maluquer, Josep Maria 213, 217, 223, 229
Steegmann, Enric 191
Subirach, Josep Maria 88
Subirana i Subirana, Joan Baptista 203

Távora, Fernando 213
Tessenow, Heinrich 175
Torras, A. 58
Torras i Guardiola, Joan 55, 61
Torres, Elias 244, 251
Torres, Francesc 167
Torres i Clavé, Josep 183, 203, 210
Tous i Carbó, Enric 215
Tusquets i Blanca, Oscar 28, 132, 134, 138, 221

Utrillo i Morlius, Miquel 177, 181

Valeri i Pupurull, Salvador 156
Valls i Vergés, Manuel 219, 229
Venturi, Robert 221
Verboom, Próspero de 10, 17, 21
Viaplana i Vea, Albert 221, 239, 249, 251
Vila, Francesc 21 f.
Vilaseca i Casanovas, Josep 40, 53, 143
Vilaseca i Rivera, Joaquim 11
Villar i Lozano, Francisco de Paula del 88
Viollet-le-Duc, Eugène 55, 61, 66, 73

Wijdeveld, Hendricus Theodorus 229

Zazurca, Pep 285
Zevi, Bruno 210

BAUWERKE

Almacenes Generales de Comercio 61
Anell Olímpic 239, 244, 247
Arc del Triomf **40, 41**
Arsenal de la Ciutadella **20,** 21
Auditorio Municipal 249, 289
Ausstellungsgebäude Alfons XIII. und
    Victoria Eugenia 175

Barceloneta 16, **18, 19**
Benediktinerkloster in Pedralbes **172/173,**
    181
Bergbahnstation Vallvidrera **116, 117**
Botanischer Garten, neuer **245**
Brücke Bach de Roda / Felip II. 249
Brunnen der Plaça d'Espanya 99

Cafè-Restaurant del Parc 38, **42, 43,** 55
Caixa de Pensions Via Laietana **159**
Capella de Santa Agueda 11
Casa Amatller 92, 99, **100, 101, 102, 103,**
    107, 125
Casa Batlló 80, **92, 93, 95, 96, 97, 98,** 125
Casa Berenguer d'Aguilar s. Museu Picasso
Casa Bloc 185, **204, 205**
Casa Cabot **143**
Casa Calvet 73
Casa de la Caritat 251, 289
Casa de la Ciutat **8,** 9
Casa Comalat **156, 157**
Casa Damians **142,** 143
Casa de les Punxes s. Casa Terrades
Casa Figueras **165**
Casa Fuster **131**
Casa Lleó Morera 92, **124, 125, 126, 127,**
    128/129
Casa M.M.I. 213, **222, 223**
Casa Macaya **104, 105, 106, 107, 108, 109**
Casa Martí **71**
Casa Milà 80, 92, 94, **144/145, 146/147,**
    148, 149, 150, 151, 152, 229
Casa Planells 99
Casa Queralto **130**
Casa La Ricarda 210
Casa Teixidor **168**
Casa Terrades 99, **110/111**
Casa Thomas **70**
Casa Tosquella **142,** 143
Casa Ugalde 213
Casa Vicens 73, **74, 75, 76, 77**
Casal Sant Jordi **180,** 181
Cases d'En Xifré 21 f.
Castell de Montjuïc 12, 16, 19
Ciutadella militar 16 f.
Collegi d'Arquitectes de Catalunya 221
Convento Teresiano 73

Drassanes 25, **27**

Edifici Astoria 185
Edifici Frégoli 221
Edifici Mediterrani 210
Edifici Monitor 215
Eixample 21, 23, 25, **28/29,** passim
Escuela de Arquitectura 221
Estació de França 25, **26**

Fabrik Asland 61
Fabrik Batlló **57,** 61
Fabrik Casarramona 99, **112, 113**

Fabrik Folch 61, **248,** 249
Fabrik Jaumandreu 25, **26**
Fabrik Myrurgia 181, **198/199**
Farmacia Arumi **167**
Farmacia del Carmen **167**
Farmacia Padrell **163**
Farmacia Palomas **162, 166**
Farmacia Puigoriol **167**
Farmacia Vilardell **167**
Finca Güell **72**
Flughafen 249
Forn Sarret **168**
Fundació Joan Miró **232, 233**
Fundació Antoni Tàpies s. Verlagshaus
    Montaner i Simon

Gaswerk **114/115**
Gymnasium in Badalona **282, 283**

Hidroelectrica de Catalunya **58**
Hospital de la Santa Creu i de Sant Pau 66,
    118, 119, 120, 121, 122/123, 125
Hotel de las Artes **250**
Hotel Park 211, **212,** 213
Hunderennbahn Meridiana 210, **230, 231**

Iglesia Santa Maria del Mar 13
Iglesia de Sant Francesc de Paula 134
Institut Français 221
Institut Marti i Pol **284**

Jardins de la Villa Cecilia **243,** 244, 251

Kaskadenbrunnen 38, **44**
KGB, Musikbar 251
Kino Fémina 210, **211**
Klinik Barraquer **200, 201**
Kolumbussäule **48, 49,** 53

Labyrinth Marquis de Llupià 21
Lagerhalle »Grupo Rosa« **262, 263**
Llotja 13, **20,** 21, **22**
Lurdes Bergadà, Modegeschäft 276, **277**

Maquinista Terrestre y Maritíma **56,** 61
Marcel, Friseursalon **276**
Mehrfamilienhaus Carrer de Muntaner 185,
    202
Mehrfamilienhaus Passeig Nacional **218**
Mercat del Born **64,** 66
Mercat de Sant Antoni **65,** 66
Mercat de Sant Josep **62/63,** 66
Mercat Santa Caterina 66
Metropolitano **187, 188, 189**
Mirador del Rei Martí 11
Museu d'Art Contemporani 251, **289**
Museu de la Ciència 251, **280, 281**
Museu Frederic Marès 11
Museu Maritím 25
Museu Picasso 251, **278, 279**
Museu Taurí 161

Network, Café-Restaurant 252, **270**
Nick Havanna, Bar 251, **272, 273**
El Noticiero Universal, Herstellungs- und
    Bürohaus 217

Olympiastadion 247, **254/255**
Olympisches Dorf s. Vila Olímpica
Otto Zutz, Diskothek 251, **271**

Palau de Justícia 159
Palau de la Generalitat **9**, 23
Palau de la Música Catalana 13, 23, 66,
   125, **132**, **133**, **134**, **135**, **136**, **137**, **138**,
   139, **140/141**
Palau de les Arts Grafiques **194**, **195**
Palau Güell 73, **78**, **79**, **80**, **81**, **82**, **83**, **84**,
   85, 152
Palau del Lloctinent 11
Palau Nacional 175, **190**, **191**
Palau Reial Major **11**
Palau Sant Jordi 247, **256**, **257**, **258**, **259**
Parc de la Creueta del Coll 251
Parc de l'Espanya Industrial 239, **240**, **241**
Parc de l'Estació del Nord **246**, 247, 251
Parc del Fossar de la Pedrera **242**, 244, 249
Parc Güell 94, **152**, **153**, **154**, **155**
Pavillon des Deutschen Reiches 175, **196**,
   197
Peu del Funicular de Vallvidrera 239, **241**
Pissoirs **24**
Plaça del Duc de Medinaceli 34, **35**
Plaça de l'Univers **192**, **193**
Plaça dels Països Catalans **238**, 239, 249
Plaça del Sol 239, **240**
Plaça de Toros de »Les Arenes« **161**
Plaça de Toros »Monumental« **160**
Plaça Reial 23, **34**
Plaça Sant Josep 23
Poble Espanyol **176**, **177**
Portal del Mar 21
Porta dels Ollers 17
Porta de Santa Madrona **10**

La Rotonda **143**

Sagrada Familia **88**, **89**, **90**, 91
Schule »Collasso i Gil« 175
Schule »De la Concepcion« **285**
Schule »Josep Maria Jujol« **286**, **287**
Schule »Ramon Llull« **174**, 175
Schwimmstadion Picornell 247
Seat-Niederlassungen **226**, **227**
Sporthochschule 247
Studentenwohnheim »Mare Güell« 215

Teatre del Liceu 13, 23, **30**, **31**, **32/33**
Teatre Nacional de Catalunya 249, **288**
Telekommunikationsturm Collserola 247,
   260, **261**
Torre Comtal 40
Torre Jaume I 187
Torre de Sant Sebastià **186**, 187
Torres de Avila **264/265**, **266**, **267**, **268**,
   269
Tuberkuloseklinik 185, **203**

Umbracle 38, **46**, **47**, 55
Universität 23, **54**, 55

Vapor Vell 61
Velodrom Horta 239, 247
Velvet, Bar **275**
Verlagshaus Gustavo Gili 213, **224**, **225**

Verlagshaus Montaner i Simon 66, **67**,
   68/69
Verlagshaus Thomas 66
Vila Olímpica 244, 247, 249

Walden 7 217, **234/235**
Wasserspeicher **45**
Werkswohnanlage Carrer de Pallars 213,
   219
Wohnanlage Avinguda de la Meridiana
   215, **228**, 229
Wohnanlage Carrer Johann Sebastian Bach
   229
Wohnanlage »Les Escales Park« 210
Wohnblock Carrer de Bilbao 252, **253**
Wohnblock Carrer Sant Marius 221
Wohnblock Passeig de la Bonanova 221
Wohnpark Carrer Raset 221
Wolf's 169

Xemeneia d'en Folch 249

Ziegelei 25, 27
Zollgebäude 22
Zollgebäude, neues 159
Zsa Zsa, Bar 252, **274**

BILDNACHWEIS

Arxiu Administratiu de l'Ajuntament de Barcelona: 24

Arxiu Capitular de la Catedral de Barcelona: 14/15

Arxiu Mas, Barcelona: 75, 76, 81, 83, 84, 89, 90, 93, 97, 100, 105, 113 u.,
116, 120, 124, 130, 131, 144/145, 148, 151, 153, 180, 188, 198/199,
202, 204, 205

Bibliothek der Landesgewerbeanstalt Nürnberg: 9

Lluís Casals, Barcelona: 45 o., 196, 271, 279, 285, 286, 287

Francesc Català-Roca, Barcelona: 42, 150, 160, 200 o., 201, 203, 208/
209, 211, 212, 218, 219, 222, 223, 224, 225, 226, 228, 229, 230, 231,
238, 242, 278

Cb-foto, Julio Conill, Barcelona, 194, 195

Collegi d'Arquitectes de Catalunya, Barcelona: 38/39, 45 u., 54 u., 200 u.

ESTO Photographics/Jock Pottle, Mamaroneck, N.Y.: 289

Firo-Foto, Barcelona: 11, 89, 134

Ferran Freixa, Barcelona: 67, 68/69, 240 u., 241 o., 255, 256, 257, 258,
282, 283, 284

Peter Gössel, Nürnberg: 243 u.

Jordi Gumí, Barcelona: 214, 216, 220, 227

Hovisa, Barcelona: 250

Institut Municipal d'Història, Barcelona: 10, 12, 16/17, 18, 19, 20, 26, 27,
28/29, 31, 44, 46 u., 48, 54 o., 57, 60, 62, 64, 65, 71, 88, 95, 110/111,
112, 114, 115, 158/159, 161, 162 u., 164, 166, 176, 177, 178/179,
182, 184, 187, 190, 192, 197

Jordi Isern, Barcelona: 56

Lurdes Jansana, Barcelona: 243 o., 253

Ramon Manent, Mataró: 78, 85

Museu d'Història de la Ciutat de Barcelona: 22

Roger-Viollet, Paris: 34, 35, 41, 50/51, 52

François René Roland, Verrue: 77, 82

Jordi Sarrà, Barcelona: 8, 30, 32/33, 40, 43, 46 o., 47, 49, 58, 59, 70, 72,
74, 79, 80, 92, 96, 98, 101, 102, 103, 104, 106, 107, 108, 109, 113 o.,
114, 117, 118, 119, 121, 122/123, 125, 126, 127, 128/129, 140/141,
142, 143, 145, 146/147, 149, 152, 154, 155, 156, 157, 162 o., 163,
165, 167, 168, 169, 172/173, 174, 186, 198 o., 199, 232, 233, 246,
254/255, 259, 261, 264/265, 266, 270, 272, 273, 275, 276, 277,
280, 281

Hisao Suzuki, Barcelona: 62/63, 132, 133, 136, 137, 138, 139, 234/235,
241 u., 262, 263, 267, 268, 269, 274

Pläne, Zeichnungen und Modellaufnahmen wurden uns freundlicherweise
von den Architekten sowie dem Arxiu Administratiu de l'Ajuntament de
Barcelona und dem Collegi d'Arquitectes de Catalunya, Barcelona, zur
Verfügung gestellt.

Bei den Kontakten zu Archiven, Photographen und Architekten haben uns
Frigga Finkentey und Isabel Martin engagiert unterstützt.